STORYTELLING HECHO FÁCIL

Conecta con tu audiencia, con tus compradores y con tus clientes. De forma rápida, simple y lucrativa.

Michael Hauge

LEAP PUBLISHING

Dado que has elegido este libro deseo darte un regalo:

Entra a

TopStorytelling.com/bonus

e introduce el código *regalo* y recibirás mi mapa de los 6 pasos de historias de éxito con el cual mis clientes de consultoría trabajan.

Te deseo un grandioso éxito y que disfrutes de la magia del Storytelling:

Michael Hauge

OPINIONES DE CLIENTES: ELOGIOS PARA STORYTELLING HECHO FÁCIL

Nadie es mejor que Michael Hauge para encontrar lo que es más auténtico en cada momento de una historia.

Michael Hauge tiene una habilidad magistral para ayudar a los oradores, escritores y especialistas en marketing a descubrir el potencial emocional de cualquier historia. Habla y escribe con la autoridad de un experimentado experto en escritura de guiones de Hollywood, y con su humor natural y simpatía, nos ayuda a todos a aplicar esos mismos poderosos principios a nuestros propios discursos y narraciones.

Cuando conocí a Michael y escuché su enfoque de la historia en seis pasos, pensé que era increíble.

Incorporamos sus principios en nuestro software ClickFunnels, y hemos generado millones de dólares al mes en ventas y más de 30,000 clientes activos. ¡No te pierdas este fantástico libro!

– **Russell Brunson, fundador y propietario de ClickFunnels, DotComSecrets.com y reconocido experto en online marketing de los EE.UU. Autor de los best-sellers "Expert Secrets", "Traffic Secrets" y "DotCom Secrets".**

Michael es una mente brillante con algunas de las mejores ideas que he experimentado en más de 30 años de vida profesional. Apliqué lo que aprendí de Michael y mi posterior libro (Jetzt Neu - Starten Schlägt Denken) logró un nivel de impacto que antes no conocía: En las primeras 5 semanas que ha estado en el mercado, ya ha generado ingresos de cinco cifras en el rango superior. Y para mis clientes de tutoría privada las ideas de Michael también significan un aumento muy significativo de valor, que también podemos ver en sus resultados.

– **Gisbert Reuter, empresario, autor de libros best sellers internacionales de un total de siete libros, incluyendo dos best sellers número uno: El TAO de los sanos negocios y Jetzt Neu - Starten Schlägt Denken (edición española en breve), mentor de estrategias cuánticas y marketing consciente.**

He visto de primera mano con mi grupo de expertos como Michael ayuda a los ejecutivos de nivel C a formular y transformar sus historias de manera rápida y fácil. Ahora tú también puedes hacerlo con este libro simple pero poderoso.

–Ron Karr, creador de la fórmula IMPACT! *Autor de "Lead, Sell or Get Out of the Way: The Seven Traits of Great Sellers"* (Lidera, vende o sal del camino: los siete rasgos de los grandes vendedores).

¡Storytelling Hecho Fácil es genial! Nunca he conocido a nadie que se entusiasme más con la historia que Michael Hauge. Él comprende, en un nivel profundo y visceral, cómo provocar el impacto emocional que debe tener tu historia. No puedo pensar en una mejor persona para ayudarte a hacer realidad la magia.

– André Chaperon, leyenda del marketing en Internet, escritor, autor y empresario: tinylittlebusinesses.com

Mantén este libro al alcance de tu mano en todo momento. Michael Hauge es un maestro en la elaboración de historias que aumentarán tu impacto, tu influencia, tus ingresos y tu capacidad para promocionar tu empresa, producto, servicio o evento.

– Mark LeBlanc, expresidente de la Asociación Nacional de Oradores, autor de "Never Be the Same" y "Growing your Business".

Michael inyecta su magia de Hollywood en tus historias con solo seis simples pasos. Si deseas hacer que tu mensaje sea más convincente y deseable, y evocar una respuesta positiva de tus prospectos, ¡ten en tus manos este libro!

– Matt Bacak, The Profit Coalition (La coalición de beneficio), mejor comercializador en Internet del año 2010, autor de "Secrets of the Internet Millionaire Mind", "Marketing Sidekick" y "Everyday Heroes".

Un recurso excepcional para cualquier dueño de negocio que se toma en serio avanzar al siguiente nivel de éxito. Michael disecciona magistralmente los seis pasos simples necesarios para cualquier gran historia. Su perspectiva del mundo real proviene de más de treinta años de experiencia colaborando con algunos de los mejores actores, directores, estudios y guionistas de Hollywood de nuestro tiempo, junto con los mejores oradores y líderes empresariales de todo el mundo.

– Stephen Woessner, CEO de Predictive ROI, presentador del podcast mejor valorado: «Onward Nation» (Nación Adelante).

Un libro imprescindible que descifra el código para cada propietario de negocio, persona de marketing y ejecutivo. El experto en contar historias de Hollywood Michael Hauge proporciona una fórmula comprobada para motivar rápidamente a otros con historias poderosas.

– Henry DeVries, Orador y Consultor, Fundador de *New Client Marketing Institute* (Nuevo Instituto de Marketing de Clientes) y *The Marketing With a Book Summit* (La Cumbre del Marketing con un Libro), autor de *"How to Close a Deal Like Warren Buffett"* und *"Persuade with a Story!"*

¡Un libro brillante! Usando lo que Michael me ha enseñado, me siento mucho más seguro de mi capacidad para sentarme y escribir una historia que venda. Parece que las historias se escriben por sí mismas… Y el bloqueo del escritor es prácticamente una cosa del pasado. Conocer

la estructura y las partes clave de las grandes historias
me da un marco que realmente hace que el resultado final
sea más creativo y entretenido.

– Jack Born, empresario de software:
DeadlineFunnel.com, JackBorn.com

Cuando llegué a Michael quería mejorar mi éxito en
la narración de historias. Antes de conocer a Michael, ya
tenía bastante éxito en el espacio de marketing en Internet.
Estaba usando la narración de historias para construir un
negocio de siete cifras, y pensé que ya era bastante bueno
en la narración de historias. Porque, simplemente, esto
fue la fuerza impulsora de mis ventas. Pero también sabía
que si quería ser realmente bueno, si quería mejorar mi
desempeño, si quería realmente aumentar mi éxito, y ser
aún mejor en esta cosa que impulsaba mis ventas; tenía
que trabajar con los mejores. Y ese es Michael Hauge.
Elegí a Michael porque ha trabajado con Will Smith y
Julia Roberts y todos esos grandes actores y cineastas de
Hollywood y su narración. ¡Pero también con oradores! Ha
trabajado con muchos profesionales del marketing online
y con personas de alto perfil que dan webinars o venden
desde el escenario. Tomó sus habilidades de escritor de
historias y las aplicó al marketing, al mundo de las ventas,
no sólo trabajando para la industria de Hollywood.

Sabía que tenía que trabajar con él porque ya había
trabajado con los mejores de mi industria. El resultado fue
el desarrollo de una historia especial con Michael para

un nuevo producto, que se convirtió en mi seminario web de mayor conversión de la historia. He tenido algunos seminarios web de alta conversión, pero con este pude obtener un Retorno de la inversión increíble: El primer mes que realizamos este seminario web obtuve una gran cantidad de beneficios. Hicimos ventas de seis cifras en el primer mes. ¡Eso fue maravilloso! Me di cuenta de que si realmente quieres ser el mejor, si realmente quieres que algo sea asombroso, si quieres mejorar, si quieres estar seguro de que funciona y te da grandes resultados; tienes que contratar a los mejores, ¿verdad? **Contrata a los mejores y trabaja con los mejores, porque sólo cuando trabajes con los mejores tu producto será el mejor.**

Eso es un alivio porque es muy simple, ¿verdad? Ya no tienes que pensar más, «Oh, ¿esto va a funcionar o no? ¿Va a ser bueno?». Es mucho menos estresante y mucho más fácil pagar por el mejor consejo y terminar con él y asegurarse de que va a ser ¡impresionante! Quiero agradecerle a Michael de todo corazón: el mejor seminario web que he hecho. ¡Increíble! Fue genial trabajar con él. Y si estás pensando en trabajar con Michael, ¡hazlo! Trabaja con él porque en resumen final es que te dará resultados.

¡Porque es el mejor! Gracias, Michael.

- Dan Henry "La estrategia del millón de dólares de anuncios en Facebook". Pasó de «pobre como un ratón de iglesia» a millonario en 5 meses utilizando tráfico pagado. Desde entonces, ha entrenado a más de 1.300 agencias de publicidad de Facebook y propietarios de negocios con sus estrategias. Este hombre de 30 años ha centrado su atención en ayudar a otros a lograr su propio éxito empresarial a través de cursos y entrenamientos privados.

*Este libro está dedicado, con la más profunda
gratitud, a aquellos que, a través del poder de la
historia, han transformado mi vida:*

*Milton Arbogast, Charles Babbitt, Josiah Bartlet,
Richard Blaine, Martin Brody, Hamilton Burger,
Daniel Caffee, Elwood P. Dowd, Susan Evers, Allan
Felix, Carl Fredricksen, Tom Hagen, Curt Henderson,
Alex Hitchens, Gordon Lachance, Lars Lindstrom, Billy
Mack, Sean Maguire, Kim McAfee, Annie Reed,
Arch Stanton, William Thacker, Susan Walker y
David Webb.*

Eterna gratitud a todos ustedes.

ÍNDICE

INTRODUCCIÓN

¿Por qué historias de éxito?

Eres un ejecutivo de negocios?, ¿Vendedor?, ¿Consultor?, ¿Comercializador en internet?

¿Eres orador o haces presentaciones en el ámbito corporativo?

¿Escribes libros de no ficción que guían a las personas hacia un mayor éxito comercial o personal, o hacia una mayor felicidad y satisfacción?

¿Utilizas los medios de comunicación para establecerte como un experto en tu campo y para atraer clientes potenciales?

Cualquiera que sea tu carrera o esfuerzo comercial, tu trabajo siempre es el mismo: eres un solucionador de problemas.

Cada dólar (o peso o euro o yen o cáscara o almeja) gastado en cada transacción realizada, fue porque alguien tenía un problema que quería resolver. Algo estaba roto y necesitaba ser reparado, alguien estaba enfermo y necesitaba curarse, alguien estaba aburrido y necesitaba entretenerse, o alguien no se sentía lo suficientemente seguro, rico, inteligente o sexy.

Y los destinatarios de todo el dinero fueron los

vendedores de los productos o servicios o experiencias que los compradores pensaron que podrían resolver sus problemas.

¿Por qué esos compradores querían resolver sus problemas (o sus problemas percibidos), o al menos disminuirlos?

Solo una razón: creían que hacerlo los haría sentir mejor.

Pensaban que si ellos, o sus seres queridos, tuvieran más dinero, éxito, posesiones, educación, fama, aprobación, emoción, tranquilidad, redención o risas, se sentirían más felices o más sanos… o más seguros, o más contentos o más satisfechos.

Y creían que la persona, el producto o el servicio que eligieron era el mejor para proporcionar ese sentimiento.

En otras palabras, cada vez que alguien te paga a ti, o a tu empresa, está tomando una decisión emocional.

Entonces, imagínate si cada vez que pronuncias un discurso, escribes un correo electrónico de marketing, publicas un libro, haces un discurso de venta, o intentas inspirar a un empleado, le brindas a tu público, lectores o compradores potenciales la experiencia emocional de resolver sus problemas.

¿Qué pasaría si pudieras darles una muestra real del alivio o la satisfacción o la felicidad o el éxito que prometes?

Puedes hacerlo simplemente implementando los pasos que están en este libro.

Historias que venden

Cuando se agrega a discursos y campañas de marketing, las historias aumentan las tasas de respuesta de correos electrónicos, las inscripciones de clientes, las ventas de productos y los ingresos.

¿Por qué? —Porque las historias bien contadas logran una multitud de beneficios:

• Ellas entretienen.

• Ellas educan.

• Ellas inspiran.

• Ellas mantienen el interés de los oyentes y lectores.

• Ellas crean una conexión más fuerte entre el público y los narradores de historias.

• Ellas entregan la información de una manera más simple y más envolvente que los hechos, las figuras y los diagramas.

• <u>**Y: ellas mueven a las personas a la acción.**</u>

Pero también logran un objetivo más poderoso: brindan a los oyentes y lectores la experiencia emocional del éxito.

Casi cualquier persona involucrada en venta, marketing o hablar en público de cualquier asunto ya está contando muchas historias de éxito. Pero a menudo estas anécdotas y casos de estudio son demasiado breves y se centran solo en los resultados del comprador («¡Lily Rosebottom compró nuestra nueva píldora FatBeGone y perdió veintidós kilos!»), o siguen y siguen, serpenteando repetidamente sin objetivos claramente definidos, conflictos o resultados para sus personajes.

Tales historias aún pueden atraer a los compradores, pero rara vez mantendrán el interés de los clientes o clientes potenciales, agregarán credibilidad real al producto o servicio que se ofrece o superarán todos los obstáculos que se interponen entre tú y el éxito financiero.

Una historia verdaderamente efectiva debe poseer ciertos elementos clave y debe presentarse de tal manera que tu posible comprador, cliente o suscriptor se identifique con el héroe de esa historia y experimente la emoción de la historia a través de ese personaje.

Cuando cuentas una historia sobre alguien cuya vida fue mejorada o transformada por tu producto, proceso o principios, tus compradores potenciales deben sentir lo que sintió tu héroe cuando tuvo éxito.

Con una historia de éxito bien contada, tu mercado objetivo ya ha experimentado, en un nivel subconsciente, los sentimientos positivos que promete. Y esos sentimientos moverán a estos clientes potenciales más cerca de pagar por tu servicio, tu producto o tu proceso.

En las siguientes páginas, este es el tipo de historia que aprenderás a crear de manera simple, poderosa y rentable.

La lección de Hollywood

Yo provengo de Hollywood. Escribí dos libros, creé una docena de productos de audio y video, y hablé con más de 80.000 personas en todo el mundo sobre el proceso de escribir y vender historias y guiones.

Y durante más de treinta y cinco años he trabajado con guionistas, productores, estudios y estrellas de cine, ayudándoles a crear guiones de cine y televisión que tocarán a las personas de manera profunda y poderosa.

Cuando mis clientes incorporan los principios que siguen en sus guiones y películas, crean un cambio en el estado emocional de las audiencias de todo el mundo, ofreciéndoles la oportunidad de conectarse con su propia humanidad y transformar sus propias vidas.

Entonces ¿qué tiene esto que ver con las historias de marketing?

Simplemente esto: En el 2016 Hollywood generó más de $11.000.000.000 en ingresos de taquilla (eso son 11 mil millones, si perdiste la cuenta de todos los ceros).

Y eso es solo en los Estados Unidos y Canadá.

Si agregas la taquilla mundial, más los ingresos de los EE. UU. de todas las formas de video, DVD, en línea y televisión, eso es más de cuatro veces el importe anterior.

¿Cómo hace Hollywood esto?

Al saber cómo contar historias y al dar al público la oportunidad de sentir algo profundamente. Porque los productores de cine y televisión entienden que el objetivo principal de cualquier narrador debe ser provocar emociones.

Las películas son mágicas, tienen el poder de cambiar los pensamientos y sentimientos de las personas y de crear conciencia en todo el mundo.

En las siguientes páginas, quiero compartir contigo una versión embotellada de esta magia, para que puedas cambiar los corazones y las mentes de tus prospectos y, en última instancia, ayudarlos a tomar decisiones de compra que puedan transformar sus vidas.

Los principios y métodos de narración de historias que Hollywood usa no se limitan a las películas y la televisión. Son universales. Generarán emoción y motivarán al público y a los lectores a tomar medidas, independientemente de cómo estén empaquetados.

Esto significa que cuando sigas el proceso que revelo en este libro, estarás usando la misma fórmula mágica que Hollywood ha usado con tanto éxito durante más de un siglo.

Qué esperar de este libro

Mi objetivo es eliminar el miedo, la frustración y el sentimiento abrumador que puede acompañar a la idea de escribir o contar historias, especialmente si no eres un narrador profesional.

El uso del proceso «Historia de éxito de seis pasos» te dará una herramienta poderosa que puedes usar de manera fácil, frecuente y rentable.

Te empoderará para:

• Seleccionar el tipo de historia que mejor se adapte a tu producto o servicio.

• Desarrollar esa historia para apuntar hábilmente a tus posibles compradores, tus clientes potenciales, tus audiencias o tus asociados.

• Identificar el héroe más efectivo para cada historia que cuentes.

• Aplicar la estructura general más efectiva a cada historia.

• Emplear los seis pasos de cada historia exitosa.

• Dominar fácilmente un estilo de escritura simple, entretenido y persuasivo que sea exclusivamente tuyo, incluso si tenías malas notas en la escuela y no crees que puedas escribir una lista de compras decente, y mucho menos una historia convincente.

• Aplicar los principios de gran narración de historias en una variedad de terrenos: correos electrónicos, discursos, historias de instrucción, vídeos, podcasts y testimonios.

• Aplicar los principios de herida, miedo, identidad, esencia y coraje para mover a tus lectores y audiencias hacia vidas más conectadas y gratificantes.

Es una tarea difícil, lo sé, pero después de presenciar el poder de la narración de historias en lectores, audiencias y escritores durante casi cuatro décadas, realmente creo que todas estas recompensas están a tu alcance.

Historiafobia

Supongo que a estas alturas estás pensando:

«Por supuesto, la narración de historias es esencial para tener éxito. He estado escuchando eso desde que empecé a trabajar. ¡Pero no soy un narrador! No tengo un don para eso. Me confundo o me abrumo cuando trato de aprenderlo y me aterra la idea de hacerlo ¿Qué esperas que yo haga?».

Sé que la idea de que alguien lea una historia que tú escribiste, o peor aún, pensar en contarla en un escenario o en una reunión, puede ser aterrador.

Pero no tiene que ser así. El proceso de la historia de éxito de seis pasos no es un cálculo avanzado y definitivamente no requiere habilidades de escritura de alto nivel (que en realidad puede disminuir el poder de tu historia). Solo requiere tu disposición para intentarlo.

Una vez que lo hagas, crear historias de éxito será realmente divertido. Y podrás transformar la vida de muchas más personas.

Cómo usar este libro

Así es como te recomiendo que hagas el mejor uso de los principios y herramientas que siguen:

1. Descarga tu mapa mental de historias de éxito gratis visitando: www.TopStorytelling.com/mindmap.

2. Lee el capítulo 1, solo para tener una idea general de hacia dónde nos dirigimos.

3. Comenzando con el capítulo 2, selecciona una sola historia de éxito o caso de estudio sobre alguien que se haya beneficiado del producto, servicio o proceso que estás comercializando, o que crees que cambiará la vida de las personas. (El capítulo 2 te dará mucha más orientación sobre cómo hacerlo).

4. Desarrolla la historia a medida que avanzas y aprendes las herramientas esenciales para escribir sobre el viaje al éxito de esta persona (o empresa). En

otras palabras, escribe el primer borrador de la historia a medida que avanzas por los capítulos 2 a 7.

5. Usando las técnicas del capítulo 8, reescribe la historia para agudizar su estilo, estructura y poder.

6. Cuando la historia sea la mejor que puedas crear (no significa que sea perfecta, todavía estás en el modo de aprendizaje), pide a algunos amigos, colegas, mentores o clientes satisfechos que echen un vistazo y te den una opinión sincera.

7. Mientras esperas sus respuestas, lee el resto de este libro.

8. Usa los comentarios que recibes para pulir tu historia.

9. Envía la historia al mundo: en un correo electrónico, un discurso, una presentación de la empresa o un blog. (Probablemente sea un paso aterrador, así que primero lee el capítulo 12: El viaje de tu propio héroe).

10. Comienza el proceso nuevamente con tu próxima historia, esta vez una historia autobiográfica sobre un éxito propio.

11. A partir de ahí, continúa aplicando los principios a las nuevas historias de éxito y a otras formas de narración que harán crecer tu negocio a niveles aún mayores de éxito y satisfacción.

12. A medida que continúes aumentando tu experiencia (¡y éxito!) en la creación y el empleo de historias, sigue visitando TopStorytelling.com para obtener herramientas y conocimientos adicionales, y para aprender sobre oportunidades para trabajar conmigo directamente.

Eso es todo. Es hora de comenzar tu viaje hacia una narración poderosa y rentable.

CAPÍTULO 1

Los Seis Pasos

Cada historia narrada, escrita o mostrada en un escenario o una pantalla, se basa en tres elementos esenciales:

Personaje

Deseo

Conflicto

En cada película y episodio de televisión, cada novela y cuento, cada obra de teatro, ópera, poema épico y cuento de hadas, un personaje (o personajes) quiere alcanzar un objetivo convincente y debe superar obstáculos difíciles para lograrlo.

Este personaje, el héroe de la historia, es nuestro vehículo a través del cual experimentamos la historia. Su deseo impulsa la historia a su resolución, y el conflicto crea la emoción.

Ya sea que Romeo quiera a Julieta, que Winnie the Pooh quiera un poco de miel, que un astronauta varado quiera sobrevivir en Marte o un maestro de química que quiere mantener a su familia vendiendo metanfetamina, cuando leemos o vemos estas historias, inconscientemente nos convertimos en estos personajes a medida que persiguen sus deseos. Y compartimos sentimientos por ellos debido a los obstáculos que deben superar.

Ahí reside el poder de las historias: nos brindan experiencias emocionales fuera de los límites de nuestra vida cotidiana. Nos reímos, lloramos, nos asustamos, nos enamoramos o aprovechamos nuestros poderes ocultos porque habitamos las historias que escuchamos.

Nosotros somos los que vivimos esas aventuras y enfrentamos esos obstáculos, tal como lo hacen esos personajes.

Y lo mismo ocurre con las historias utilizadas para marketing, para persuadir o para inspirar. Consiguen lectores y audiencias no solo para pensar, sino también para sentir.

Si un posible cliente o multitud toman medidas, ya sea que te contraten o compren tu producto o sigan tus consejos, es en última instancia una decisión emocional. Entonces, cuanto más emocionalmente se involucren en tus historias, más exitoso serás.

Las formas en que logras este objetivo, los métodos para hacer que tus historias sean poderosas y persuasivas, son básicamente las mismas para ti que para los novelistas, guionistas y exitosos cineastas. Porque tanto tus historias, como las suyas, se basan en esos mismos elementos de carácter, deseo, y conflicto. Y tus historias, como las de ellos, siempre seguirán la misma estructura básica.

Estructura de la trama

La estructura de la historia, o la estructura de la trama, determina la secuencia de eventos en cualquier historia.

Tu objetivo como narrador es maximizar la experiencia emocional positiva para tus lectores o audiencias. Al abordar hábilmente las preguntas, «¿Qué sucede?» y «¿Cuándo sucede?» te aseguras de que tus compradores potenciales se conectarán con tu héroe, arraigarán a ese personaje a lo largo de toda la historia y celebrarán su victoria. Y luego querrán replicar el éxito de ese héroe en sus propias vidas.

He estado enseñando y entrenando a escritores y cineastas sobre la estructura desde que comencé a trabajar en Hollywood. Y aunque la fórmula básica para la estructura de películas es bastante fácil de explicar, dominar todas las variaciones, capas y principios involucrados requiere una buena cantidad de práctica.

Entonces, para nuestros propósitos, he simplificado mucho la estructura de la historia de éxito para que conste de solo seis pasos simples.

Historia de éxito de seis pasos™ se basa en las seis «paradas» que tu héroe debe hacer en su viaje hacia la victoria, los seis ritmos de historia que también asegurarán tu propio éxito como narrador.

Cuando uso el término «héroe» simplemente me refiero al protagonista o personaje principal de tu historia. Este es el hombre o la mujer (o, en algunos casos, la pareja) cuyo deseo impulsará la historia. Es la persona a la que estamos apoyando.

Utilizo los términos «persona», «cliente», «sujeto» y «caso de estudio» indistintamente, porque cada uno de estos se refiere al personaje principal o protagonista de la historia que estás contando. Estas son las personas cuyo éxito fue el resultado del producto, proceso o coaching que estás comercializando.

Del mismo modo, verás que uso las palabras «comprador potencial», «cliente potencial», «lector», «oyente» y «audiencia» para referirme a las personas que leen tu historia de éxito (si la presentas en un libro, blog, o correo electrónico de marketing) o para que la escuchen (en tu discurso, seminario web, grabación o reunión cara a cara). Simplemente sustituye cualquiera de estos términos que se aplique a tu propia situación.

Debido a que un héroe puede ser de ambos sexos, a veces me referiré al héroe como «él» y a veces «ella». De esa manera, no tendrás que seguir leyendo las engorrosas frases «él o ella». Confía en mí, me lo agradecerás.

Los seis pasos simples formarán la columna vertebral de cada historia que cuentes. Y si tu objetivo es hacer una venta, conseguir un nuevo cliente o inspirar a una audiencia, estos seis pasos son esenciales para lograr el resultado deseado.

Un vistazo a los seis pasos

Para darte una visión general de hacia dónde nos dirigimos, lo que aprenderás y el proceso que dominarás, estos son los seis pasos en secuencia, con una breve descripción de lo que lograrás con cada uno.

▶ PASO UNO: La preparación

Comenzarás tu historia revelando la vida cotidiana que vivía tu héroe antes de que escuchara o comenzara a usar tu producto o servicio. Esta «imagen previa» creará empatía por tu héroe, para que tus lectores y audiencias puedan experimentar su éxito a nivel emocional.

▶ PASO DOS: La crisis

Una vez que hayas pintado una imagen de la vida cotidiana anterior de tu héroe, revelarás el evento único que lo obligó a resolver su problema, el momento en que las cosas se volvieron tan desesperadas, o la posibilidad de un cambio se volvió tan atractiva que tuvo que hacer algo.

Pero antes de que pudiera avanzar, tu héroe tuvo que formular un objetivo específico y luego descubrir cómo iba a resolver su problema y lograr ese resultado. Entonces, revelarás cómo investigó, dudó, hizo muchas preguntas y consideró otras alternativas, hasta que finalmente te eligió a ti, a tu empresa, a tu producto o a tu proceso para lograrlo.

▶ PASO TRES: La persecución

Aquí presentas los pasos reales que tomó tu héroe para lograr su objetivo. Esto le dará a tu comprador potencial una imagen clara (y emocionalmente envolvente) de lo que implica el uso de tu producto o servicio, o lo que implica seguir tu consejo.

▶ PASO CUATRO: El conflicto

Junto con el progreso de tu héroe, también debes revelar los obstáculos externos e internos que enfrentó cuando siguió tu programa o usó tu producto. Es el conflicto en la historia lo que provoca emoción en tu audiencia. Y al incluir los obstáculos y contratiempos que tu héroe encontró y superó, brindarás a tus compradores la experiencia emocional de resolver problemas que ya están anticipando (y preocupando).

▶ PASO CINCO: El clímax

Este será el momento óptimo de tu historia: la victoria por la que luchaba tu héroe, y que tus lectores y oyentes han estado alentando: cuando tu héroe supera el obstáculo final, cruza la línea de meta ¡y gana!

▶ PASO SEIS: Las secuelas

Esta es simplemente la «imagen posterior» de la

historia de tu héroe: la nueva vida que está viviendo como resultado de lograr su objetivo. Le mostrarás a tus lectores y audiencias el futuro que puede ser suyo si solo siguen los pasos de tu héroe.

Eso es todo. Estos son los seis pasos simples de una gran historia.

Ahora exploremos cada uno de estos elementos en detalle mientras te guío a través del proceso de la historia de éxito de seis pasos.

CAPÍTULO 2

Seleccionando a tu héroe

El héroe de tu historia es simplemente el protagonista, el personaje principal y la persona que tus lectores quieren que tenga éxito.

Según mi definición, un héroe no es alguien heroico, al menos no al comienzo de la historia. Es alguien que tiene el potencial de convertirse en heroico. Encontrar el coraje para seguir adelante y lograr su objetivo (con la ayuda de tu producto u orientación) es lo que lo hará heroico.

Un héroe es una persona, no una empresa, ni una organización o un grupo de algún tipo. Si tu caso de estudio involucra el trabajo que realizó para rescatar un negocio, o para aumentar su éxito, tu héroe será la persona más afectada por la crisis, o quien lo contrató, o con quién estuvo más cerca.

Los dos tipos de historias de éxito

Al crear un caso de estudio/historia de éxito, tienes dos héroes posibles:

1. Tú mismo. En una historia autobiográfica, tú eres el héroe. La historia revela cómo transformaste algún

aspecto de tu vida al crear o emplear el producto, el proceso o los principios que ahora defiendes. (O, en ocasiones, cómo sufriste algún revés que te enseñó uno de estos principios).

2. Un comprador agradecido. Los héroes de estas historias son clientes anteriores (o actuales) o clientes que han mejorado o transformado sus vidas o sus negocios mediante el uso del producto, el sistema o el servicio que estás comercializando.

Cada opción tiene sus propias ventajas, como verás a continuación. Pero el héroe que elijas determina el tipo de historia de éxito que vas a contar.

▶ Historias autobiográficas

Cuanto más dinero les pidas a compradores potenciales que gasten, y cuanto más les prometas a cambio, mayor será su deseo de saber quién eres.

Si soy un cliente potencial, y me estás pidiendo que consulte contigo para aumentar mis ingresos, o para usar un producto que creaste para mejorar drásticamente mi salud, o para inscribirme en un seminario web que me costará mil dólares, entonces querré saber tu experiencia, cómo llegaste a donde estás y si eres confiable.

El mismo principio se aplica si representas a una empresa con la que me estás pidiendo que trabaje estrechamente, o si eres un jefe que quiere que sea más productivo, o si eres un orador que espera inspirarme. Todavía quiero respuestas a las mismas preguntas:

¿Quién eres tú?, ¿De dónde vienes?, ¿Qué representas?, y si ¿Realmente entiendes mi dolor y mis deseos?

Contar una historia sobre ti es una de las herramientas más poderosas que tienes para crear ese tipo de conexión y confianza.

Tu historia autobiográfica podría revelar cómo lograste tu propio éxito utilizando el proceso que estás comercializando. O el problema humano que presenciaste o experimentaste que te llevó a desarrollar o utilizar tu producto. O podría ser una historia inspiradora de cómo llegaste a creer y practicar los principios que guían tu vida y tu negocio.

Historias como estas ofrecen dos enormes beneficios: brindan a los compradores potenciales la experiencia emocional de participar en tu éxito, y crean un mayor nivel de conexión contigo debido a tu voluntad de abrirte y compartir tu dolor y vulnerabilidad anterior.

Pero también hay algunas trampas que pueden disminuir la efectividad de las historias autobiográficas.

En mi experiencia trabajando con vendedores de Internet, sus correos electrónicos parecen estar llenos de historias autobiográficas, especialmente cuando su mercado objetivo consiste en otros vendedores de Internet.

Estas historias a menudo poseen una cualidad de igualdad. Correos electrónicos de marketing de «Odiaba mi trabajo/Me convertí en comercializador de Internet/¡Ahora soy millonario!». Son tan comunes que a menudo parecen manufacturadas y predecibles.

El otro peligro al convertirte en el héroe de tus historias es que puedes parecer egoísta o engreído. Puede parecerle a tus lectores que estás más interesado en decir: ¿No soy genial…?, que en revelar: «Así es cómo puedes lograr la grandeza».

La jactancia no es realmente el gran problema que muchos especialistas en marketing u oradores públicos creen. Seguir algunas pautas simples (que revelaré en el capítulo 10) te permitirá hablar sobre ti de una manera en la que nunca se pensará que estás presumiendo. Convertirte siempre en el héroe de tus historias limita tanto tu atractivo como tu efectividad.

▶ Casos de estudio

Las historias sobre exclientes y clientes exitosos proporcionan la forma más directa de ilustrar el poder de tu producto o servicio.

Al seleccionar cuidadosamente cuáles de tus compradores o profesionales agradecidos serán los héroes de estas historias, puedes asegurarte de que tus compradores potenciales reconocerán fácilmente sus propios problemas dentro de la historia y, por lo tanto, se engancharán a la solución que estás ofreciendo.

Los casos de estudio también proporcionan una multitud de posibles héroes e historias para elegir. Solo debes ir al pozo de tu propia experiencia tantas veces como quieras. Las oportunidades para hablar sobre otros compradores satisfechos son ilimitadas.

Y finalmente, los casos de estudio son bastante simples y directos. Alguien tuvo un problema. Se dirigió hacia ti para arreglarlo. Ahora es más feliz, más saludable, más rico, más exitoso o está más satisfecho.

Las historias autobiográficas, por otro lado, involucran una variedad de situaciones personales y transformaciones de la vida, lo que te obliga a reflexionar sobre cuál elegir, qué tan abierto y personal debe ser, y si realmente puedes ser objetivo sobre tu propia vida y la vida de las personas más cercanas a ti.

Es por esta razón que los próximos capítulos se centran en historias de éxito sobre tus clientes, compradores y seguidores. Pero como descubrirás, también serás un personaje importante en la mayoría de estas historias.

Una vez que hayas dominado el proceso de la historia de éxito de seis pasos, te revelaré cómo se aplican los mismos principios al crear una historia de éxito autobiográfica. Entonces podrás emplear cualquier tipo de historia para provocar emoción y generar ingresos.

Encontrando a tu héroe

El primer paso para identificar al héroe de tu historia de éxito es analizar una lista de clientes anteriores y elegir algunos que sabes que se han beneficiado enormemente como resultado de la compra de tu producto o servicio.

Sé que esta podría ser una lista enorme, pero comienza con aquellos que te han contado sobre sus éxitos y que te han ofrecido testimonios. Si eres consultor, elige personas o ejecutivos de la empresa con los que hayas trabajado personalmente y guiado hacia el éxito. Cinco de esas personas deberían ser suficientes. Si no has escuchado ni siquiera cinco historias de éxito, simplemente ve a tu lista de compradores y solicita algunas. Envía un correo electrónico diciendo que te encantaría saber acerca de los resultados que han logrado y elige las seis mejores (esta es también una excelente manera de obtener testimonios, como probablemente ya sepas).

Ahora debes elegir lo mejor del grupo, según estos criterios:

• Antes del éxito de esta persona (o de la empresa), este héroe potencial estaba en una situación cercana a la de tus clientes potenciales o público objetivo. Al menos este héroe es alguien con quien otros compradores pueden relacionarse fácilmente, ya que son similares en edad, género, ocupación (o falta de), situación de vida, estado civil, salud, cualquier cosa que tu comprador pueda reconocer e identificar en su propia vida.

• Las circunstancias de esta persona antes de usar tu producto fueron negativas de alguna manera específica: estaba muy solo, tenía una afección médica dolorosa o debilitante, estaba atrapado en un trabajo aburrido y sin salida (o no tenía trabajo), tenía un negocio exitoso, quería expandirse al siguiente nivel, etc.

• La persona que estás considerando está dispuesta a hablarte en detalle sobre dónde estaba cuando comenzó su viaje y lo que pasó en el camino hacia el éxito. Y te ha dado permiso para contar su historia.

• Cuando este héroe potencial compró tu producto, tenía un objetivo claro en mente: cuanto más específico, mejor. Querer alcanzar el 20 por ciento de grasa corporal es más complicado que simplemente «querer estar en forma».

• El proceso de lograr el éxito obligó a esta persona a superar algunos obstáculos importantes, tanto externos como emocionales.

• El éxito de esta persona se debió directamente a lo que compró o aprendió de ti. Si él te dice que tan pronto como compró una suscripción a tu boletín, heredó $2 millones, probablemente no sea tu mejor candidato (aunque podría ser una gran posibilidad para comprar tu producto más caro).

• Después de haber logrado el éxito, la nueva vida de esta persona coincide con los sueños de tus compradores potenciales (por ejemplo, libertad financiera, independencia, mejor salud, viajes, un entorno hermoso, una relación satisfactoria, una vida social emocionante o una familia feliz).

El antiguo cliente o comprador que cumple con el mayor número de estos criterios debe ser tu elección.

Haciendo tu investigación

Para determinar cómo se aplica la lista anterior a cualquier persona que estés considerando, debes entrevistar a tus mejores candidatos.

Estas entrevistas también te proporcionarán el material para escribir la historia de éxito una vez que hayas seleccionado a tu héroe. A continuación hay algunas preguntas de muestra que puedes usar como modelos para tus propias entrevistas.

Como verás, las preguntas corresponden a los seis pasos de una historia bien contada. Cada uno está diseñado para proporcionarte información que necesitas para estructurar tu historia y hacerla lo más vívida, emocionalmente envolvente y persuasiva posible.

Solo tendrás que reformular las preguntas para que sean apropiadas para el producto o el asesoramiento que estás comercializando.

Sé que la lista parece larga, pero no vas a hacerle a tu posible héroe todas estas preguntas; si lo haces, le tomará más tiempo responderlas que transformar su vida.

En cambio, considera estas entrevistas simplemente como conversaciones diseñadas para que tu héroe potencial hable sobre sus experiencias y sentimientos mientras persigue su objetivo. Tu trabajo principal es escuchar lo que dice, grabarlo y usar sus revelaciones para guiarlo hacia sus próximas preguntas.

▶ Preguntas de caso de estudio

Supongamos que estás promocionando un programa financiero que ha capacitado con éxito a las personas para superar una enorme deuda de tarjeta de crédito. Estás entrevistando a alguien que utilizó el programa con éxito y ahora está libre de deudas.

Estos son los tipos de preguntas que querrás hacer.

➤ Preparación

- ¿Cómo adquirió la deuda que tenía?
- ¿Cuánto debía?
- ¿Cómo esto afectó su situación financiera, su vida y la de su familia en aquel momento?

➤ Crisis

- ¿Qué evento único le movió para finalmente tomar medidas?

• ¿Cuál era su objetivo específico?, ¿cómo sabría que finalmente resolvió el problema de la deuda de su tarjeta de crédito?

• ¿Qué hizo (si acaso hizo algo más) para superar su deuda antes de comenzar nuestro programa? y ¿por qué ese o esos otros enfoques no funcionaron?

• ¿Qué le hizo decidir probar nuestro enfoque?

➤ Persecución

• ¿Cómo se sintió el día que dio ese primer paso y comenzó el programa?, ¿estaba emocionado?, ¿escéptico?, ¿reacio?, ¿asustado?

• ¿Qué elementos del programa le resultaron más efectivos o beneficiosos?

• ¿Qué le sorprendió de este proceso? , ¿había algo en seguir nuestro programa diferente de lo que esperaba?

➤ Conflicto

• ¿Cuáles fueron las cosas más difíciles de comenzar y apegarse al programa?

• ¿Alguien trató de disuadirlo de continuar o involuntariamente hizo que el proceso fuera más difícil?

• ¿Cómo superó esos tiempos difíciles?, ¿cómo pudo superar los obstáculos y contratiempos?

➤ Clímax

• ¿Cómo supo finalmente que había tenido éxito, que

había logrado lo que se propuso?

• ¿Cómo fue ese momento exacto para usted?

➤ Secuelas

• ¿Cómo es ahora su vida y la vida de quienes lo rodean, en comparación con lo que era antes de comenzar nuestro programa?

• ¿Qué le sugerirías a cualquier otra persona que tenga una deuda abrumadora?

Como puedes ver, estas preguntas se pueden modificar fácilmente para usarlas con alguien que estaba desesperado por un mejor trabajo o que enfrentaba un desafío médico, o quien quería una vida amorosa más satisfactoria, o que siempre había soñado con ser un emprendedor, un autor o un orador público.

El Apéndice II ofrece una lista más larga de preguntas, incluidos espacios para respuestas y notas. Esta lista se puede modificar para cualquier estudio de caso potencial.

También puedes descargar la lista ingresando a: TopStorytelling.com/caso-de-estudio.

Entrevistando a seres queridos

Incluir al cónyuge, pareja o padre de tu antiguo cliente en una de estas conversaciones, o hablar con esa persona por separado, te proporcionará mucha información valiosa y una visión de lo que pasó tu héroe.

Una persona importante puede llenar muchos espacios en blanco y dar una perspectiva diferente sobre el problema de su ser querido. Aprenderás sobre todos los desafíos que enfrentó el cónyuge de tu héroe antes de que su ser querido comenzara su viaje hacia el éxito, y obtendrás sus propios sentimientos sobre cómo fue ese proceso. Y saber cómo la vida del cónyuge ahora ha cambiado para mejor conducirá a una historia de éxito aún más poderosa y persuasiva.

Incluso podrías considerar crear una historia de éxito por separado en la que el cónyuge de tu cliente sea el héroe. Una historia en la que ella revele su vida mientras luchaba por ayudar a su esposo, y los obstáculos que tuvo que superar para apoyarlo, todo el tiempo lidiando con sus propios miedos y sentimientos. Luego, dibuja una imagen de la nueva vida que lleva después de ayudar a su ser querido a cruzar la línea de meta.

Piensa cuán poderosa será una historia de éxito de este tipo al influir en compradores potenciales que están desesperados por lograr que sus seres queridos tomen medidas y ayudarlos a escapar de sus sentimientos de desesperación y derrota.

Preguntas corporativas

Entonces, ¿qué sucede si, en lugar de comercializar un producto, eres un entrenador de negocios o un consultor financiero que quiere usar historias de éxito para atraer clientes corporativos?

En estos casos, busca una empresa con un problema que ayudaste a resolver. Luego, elige a la persona de esa compañía con la que trabajaste más de cerca, alguien que observó (y apreció) el trabajo que realizaste, y que personalmente se benefició enormemente de tu orientación. Este individuo será el héroe de tu historia.

Aunque los detalles de esta historia de éxito pueden diferir enormemente de nuestro héroe agobiado por la deuda anterior, el objetivo de las preguntas será idéntico a los de la lista anterior. Simplemente guía a tu entrevistado a través de los seis pasos y pregúntale cómo fueron esas experiencias.

En el Apéndice III he proporcionado una lista completa de preguntas entre las que puedes elegir mientras entrevistas a anteriores clientes o clientes del ámbito corporativo. También puedes descargarla lista visitando:

TopStorytelling.com/preguntas-corporativas.

Como verás, aunque las preguntas específicas diferirán, el enfoque general para investigar a tus héroes potenciales es idéntico.

Y ten en cuenta que estas preguntas van más allá de las cifras financieras y los resultados financieros de la empresa; también se enfocan repetidamente en los componentes emocionales del viaje. Si bien algunos ejecutivos pueden no querer reconocerlo, estos pueden ser tan persuasivos para los clientes corporativos potenciales como los resultados en dólares y centavos.

Cuestionarios

Como paso preliminar para las entrevistas individuales, es posible que desees encuestar a los clientes satisfechos sobre sus experiencias con tu producto para que puedas elegir las mejores historias de éxito en función de sus respuestas. Y a veces una conversación uno–a–uno simplemente no es posible con un caso de estudio prospectivo, por lo que las respuestas escritas son tu única alternativa.

En estos casos, no puedes decir: «Me gustaría que respondieras estas veintisiete preguntas por escrito». Las personas no tienen el tiempo ni el deseo de una tarea tan abrumadora, especialmente cuando lo pides como un favor.

En cambio, pide respuestas escritas o grabadas a solo tres preguntas simples:

1. ¿Cuáles fueron las circunstancias que le hicieron decidir trabajar conmigo o utilizar nuestro producto o servicio?

2. ¿Cómo fue el proceso en sí mismo, tanto en términos de éxitos como de contratiempos, desde el momento en que comenzó hasta que logró su objetivo?

3. ¿Cómo ha cambiado su vida/negocio como resultado?

Como puedes ver, simplemente he consolidado los seis pasos en tres preguntas más amplias que proporcionarán una base para reducir tu búsqueda de héroes. Una vez que hayas hecho esto, puedes agregar los detalles restantes con solo unas pocas preguntas adicionales o una conversación.

CAPÍTULO 3

Paso uno: La preparación

¡Finalmente!

Después de identificar al héroe de tu historia de éxito, investigar a ese cliente satisfecho y organizar los elementos de la historia de esa persona o empresa siguiendo los pasos apropiados, finalmente puedes comenzar a escribir.

Mi mentor, Art Arthur, quien fue un exitoso guionista de cine y televisión durante más de cincuenta años, vivió bajo el lema: «No lo hagas bien, hazlo por escrito».

El objetivo de tu primer borrador no es alcanzar la perfección. Es poner algo en la página para que puedas comenzar a construir tu historia.

Comienza simplemente enumerando todo lo que has aprendido sobre la experiencia de tu héroe en orden cronológico. Divídelo en seis puntos correspondientes a los seis pasos. Luego, siguiendo estos seis principios, estructúralo en párrafos.

Una vez que lo tengas, ¡tu primer borrador estará terminado! Te prometo que pensarás que es horrible. Probablemente lo sea. Pero al menos es un comienzo. Entonces todo lo que tendrás que hacer es editarlo para mejorarlo. Confía en mí, reescribir es mucho más divertido que enfrentar una página en blanco.

En los capítulos 7, 8 y 9 abordaremos el estilo y la reescritura con mayor detalle. Hasta entonces, deja de preocuparte por el mal escritor que crees que eres (en realidad no lo eres) y haz lo que todo buen escritor hace: escribir.

Así que vamos a sumergirnos, comenzando por el principio con el Paso 1: La configuración.

La imagen del antes

Cuando el héroe de tu historia de éxito compró o usó por primera vez tu producto, servicio o programa, comenzó un viaje que finalmente le capacitaría para lograr su objetivo.

Pero para que tu historia sea emocionalmente envolvente y persuasiva, primero debes mostrar la imagen anterior de este héroe: su vida antes de comenzar esa búsqueda. Esto proporcionará a tus lectores una base para comparar la vida que tenía y la que vivirá una vez que tenga éxito.

¿Qué hacía tu héroe día a día antes de encontrarte a ti o a tu producto? ¿De qué manera era infeliz, insatisfecho o insatisfecha? ¿Y qué efecto tuvo esa situación en su salud, su familia, su negocio, su psique o sus esperanzas en el futuro?

Cuando lo conocemos por primera vez, tu héroe debe

estar atrapado en un estado de inercia, luchando con una situación negativa que no sabe cómo superar, o tolerando una existencia estática porque tiene miedo al cambio o porque simplemente no cree que su vida o su negocio sean mejores.

Este tipo de introducción proporciona un conflicto inmediato para tu historia, ya que tu héroe lucha con los obstáculos que se interponen entre él y la vida que anhela conseguir. Y el conflicto (como tal vez ya estás cansado de escucharme decir) provoca emoción, que es el objetivo principal de cualquier historia bien contada.

La configuración no necesariamente tiene que llevarnos de vuelta al comienzo del problema de tu héroe.

Supongamos que estás promocionando un nuevo producto para los vendedores de Internet. Podrías presentar a tu héroe cuando ya estaba ganando dinero en ventas directas, pero sin alcanzar el nivel de éxito que soñaba. Él o ella no es miserable; simplemente no está donde quiere estar en la vida.

A veces, tu configuración hará parecer que todo iba bien para tu héroe. Pero esto sencillamente significa que ella o él no era consciente de la gran crisis que estaba por venir.

Solo asegúrate de que tu configuración revela los aspectos negativos de la existencia de tu héroe, y que tu producto finalmente solucionó.

Si tu producto promete mayor riqueza e independencia,

muestra cuán pobre, desesperado, atrapado o deprimido estaba tu héroe antes de que tu producto transformara sus finanzas.

Al ilustrar inmediatamente el conflicto que enfrentó tu héroe, se logra otro objetivo esencial para tu historia: crear empatía.

Empatía

Las historias son una experiencia participativa.

El público y los lectores no quieren simplemente mirar, escuchar o leer sobre personajes que se ríen, lloran, se enamoran, se asustan o celebran sus victorias: quieren vivir esas experiencias ellos mismos.

Nos convertimos en los héroes de las historias que amamos, ya que enfrentan obstáculos insuperables en la búsqueda de objetivos imposibles. Queremos experimentar emoción a través de estos personajes.

Como narrador de historias, debes crear un vínculo inquebrantable entre tu héroe y tus compradores potenciales. Deben identificarse con tu héroe con tanta fuerza que inconscientemente crean que son ese personaje.

Esto es lo que se entiende por empatía.

Estos son los cuatro métodos más poderosos para establecer empatía.

Tan pronto como presentes a tu héroe, comienza a aplicar tantos de estos principios como puedas:

1. Crea simpatía por tu héroe

Empatizamos con las personas por las que sentimos pena. Al mostrar cómo es o ha sido tu héroe víctima de una desgracia inmerecida, aumenta nuestra inversión emocional en su éxito.

Quizás tu héroe sufre de una condición médica debilitante. O tal vez está solo y anhelando una relación satisfactoria. Él podría estar pasando por un doloroso divorcio o la bancarrota, o tal vez simplemente está atrapado en un trabajo interminable.

Cualquiera de estos eventos o situaciones garantizará que los compradores y el público se identifiquen con este personaje.

2. Pon a tu heroína en peligro

Nos identificamos con las personas que nos preocupan. Un héroe que corre el peligro de perder algo de vital importancia para él se vuelve mucho más empático.

Podría estar a punto de declararse en quiebra o perder su trabajo o su hogar. Su negocio puede estar dando vueltas porque no puede medirse con nuevos competidores más baratos y mejor financiados. Podría estar luchando contra una enfermedad que pone en peligro su vida, o simplemente podría preocuparse por no obtener una puntuación lo suficientemente alta para ganar el campeonato de la liga de bolos.

Todas estas son formas de peligro que aumentarán la empatía de tu lector por el personaje.

3. Haz agradable a tu héroe

Los lectores buscan los personajes que les importan. Quieren identificarse con personas amables, amorosas, generosas y de buen corazón.

Si la configuración de tu historia presenta a un héroe que está tratando de crear la mejor vida posible para sus hijos, o que está donando tiempo o dinero a una causa digna, o cuyo trabajo es servir a víctimas de pobreza o enfermedad o desastres naturales, se fortalece la empatía por tu héroe. Es aún más fuerte si demuestras cómo tu héroe es querido o admirado por otros en su vida.

4. Demuestra que tu héroe tiene mucha habilidad

Todos nos sentimos atraídos por personas que muestran habilidades extraordinarias. Subconscientemente, queremos convertirnos en personajes que posean habilidades físicas, intelectuales o interpersonales que los simples mortales nunca podríamos alcanzar. Las películas y los mitos nos dan superhéroes. Las historias de éxito nos dan héroes que pueden hacer el trabajo.

En las historias de éxito, los líderes empresariales, los

magos financieros, los grandes triunfadores y los expertos atraen a lectores y audiencias de la misma manera que los superhéroes, los súper policías, los súper espías y los súper atletas lo hacen en las películas.

Héroes altamente cualificados nos llevan a una historia. Pero una vez que se establece esa conexión emocional, aún deben sufrir crisis y contratiempos que se superarán utilizando tu producto o tu orientación.

Tal vez eres un consultor cuyo antiguo cliente ya había logrado un gran éxito en su área de trabajo. Luego le ayudaste a alcanzar un nuevo pináculo de logros. Los lectores y el público simpatizarán con él debido a su habilidad y a su éxito, mientras lo apoyan para que logre su nuevo objetivo, con tu orientación.

Ten en cuenta que los cuatro métodos para crear empatía se basan en el conflicto: simpatía por el conflicto de tu héroe en el pasado o en el presente, peligro por los obstáculos percibidos que se avecinan en el futuro, la empatía crece a partir de las formas en que tu héroe apoya a otros que enfrentan sus propias dificultades, y la habilidad que tu héroe ha demostrado para superar obstáculos pasados.

Una vez que hayas escrito los elementos esenciales de la vida de tu héroe antes de que él tome medidas, la situación negativa, la inercia y las fuentes de empatía, es hora de llevar a tu héroe al Paso 2, donde experimentará su momento de crisis.

CAPÍTULO 4

Paso dos: La crisis

En la preparación de tu historia de éxito, tu héroe estaba atrapado en un estado de inercia. Puede que haya exhibido mucha actividad y esfuerzo, pero en realidad no estaba avanzando hacia el resultado que anhelaba.

Ahora es el momento de que despegue y se encamine hacia la transformación.

La llamada de atención

No importa dónde comenzó tu héroe, siempre hubo un evento que lo llevó a una nueva dirección y finalmente lo llevó hacia ti o tu producto. Describir ese punto de inflexión será mucho más emocional y envolvente que saltar directamente de «Mi cliente era miserable» a «Mi cliente comenzó a usar mi método».

Es posible que tu héroe no se encontrara, o no fuera consciente, de la situación negativa cuando ocurrió la crisis. Tal vez estaba navegando y las cosas parecían ir bien: buenos negocios, buena salud, una buena relación y satisfacción.

Entonces todo se fue a la mierda. Llegó una orden por un contrato imposible que la empresa tuvo que cumplir para permanecer en el negocio. Un empleado fue sorprendido robando dinero y la empresa se declaró en bancarrota. Un cónyuge se fue inesperadamente. Un trabajador fue víctima de una reducción de personal.

En estas historias, la crisis en sí misma proporciona gran parte de la desgracia o el peligro inmerecido que garantizará la empatía con tu héroe.

Pero en la mayoría de las historias de éxito, el héroe había tolerado alguna situación negativa durante mucho tiempo, y la crisis fue simplemente la oportunidad, o la nueva información, que impulsó al héroe a la acción.

Tal vez la llamada de atención de tu heroína fue la noche en que ella tuvo su quinta cita horrible consecutiva, y simplemente tenía que encontrar una nueva forma de conocer hombres idóneos. Quizás ese fue el momento en que tu héroe, cuya compañía había estado pasando por situaciones muy difíciles durante meses o años, hasta que escuchó por primera vez acerca de tu producto, tu programa o tu servicio de consultoría. O tal vez fue el día en que se enteró de otros consultores y pensó que podrían resolver sus problemas (pero finalmente no los resolvieron, obligándole a contratarte a ti).

Si eres un vendedor digital que promociona tu proceso a otros vendedores digitales, esto podría ser cuando tu héroe descubrió por primera vez el potencial de la venta directa.

O si tu configuración retrata a un héroe que ya estaba

vendiendo cosas en línea, pero no obtenía los resultados que esperaba, este podría ser el día en que alguien le recomendó tu particular método para multiplicar sus ingresos.

Cualquiera que sea el arma inicial para el viaje de tu héroe, no te saltes este paso. Tu audiencia debe estar allí al principio, cuando tu héroe finalmente dé el paso que quieres que dé.

Y sé específico. No escribas simplemente: «No podía soportarlo más» o «Decidió que las cosas tenían que cambiar». Describe ese momento exacto en el que el techo se derrumbó, la gota que colmó el vaso, o cualquier otro cliché que finalmente ocurrió.

El objetivo

Cuando la crisis llegó a un punto de ebullición y tu héroe comenzó a tomar medidas contra el dolor que sentía, ¿cuál era la vida, el logro o la transformación que deseaba? ¿Cuál era exactamente el objetivo que estaba desesperado por alcanzar?

Tu héroe aún no está listo para comenzar a usar tu método o producto para lograr este deseo. Pero tus lectores y audiencias quieren saber hacia dónde se dirige este viaje y qué es exactamente lo que están apoyando.

Cuanto más específico y visible sea este objetivo, más fuerte será tu historia.

Sé lo más claro posible sobre la línea de meta que tu cliente o comprador quería cruzar (incluso si, en la vida real, el objetivo de tu héroe solo se formuló vagamente).

Por supuesto, tu héroe quería ser rico o saludable, feliz o independiente. Pero esos objetivos no son vívidos. Debes crear una imagen de cómo será el éxito para tu héroe, una imagen clara de cuál será exactamente ese logro.

El deseo de «deshacerse de la artritis» crea una imagen muy borrosa. Pero podemos imaginar claramente a un padre capaz de acompañar a su hija por el pasillo sin un dolor paralizante.

«Hacerse rico», «ponerse en forma» y «ser feliz» no le dan mucho a tu audiencia para anticipar o apoyar. Pero un extracto de la cuenta bancaria con un saldo de $100.000, cruzar la línea de meta de un triatlón Ironman, sentarse en una playa en un resort en Fiyi, estos son resultados mucho más emocionales.

Si eres consultor, muchas veces enfrentarás a tu cliente con este problema. Viene a ti con una vaga noción de salvar su compañía, y tú le preguntas: «¿Qué significa exactamente eso para usted?, ¿cómo sabrá cuándo su empresa esté a «salvo»? , ¿qué resultados medibles está buscando?».

Cuanto más tangibles sean los resultados que tu cliente quiera lograr, más fácil será guiarlo hacia esa meta. Y así sucede con el objetivo del héroe en una historia de éxito.

Incertidumbre

La crisis obligó a tu héroe a una nueva situación. Su mundo estaba al revés, y lo empujaron a un territorio desconocido, por lo que tuvo que navegar por este nuevo terreno mientras formulaba un plan para lograr su objetivo.

Cada película de Hollywood incluye esta secuencia. En Avatar, el héroe Sully llega a Pandora y ahora debe aprender sobre el medio ambiente, las hostilidades, su avatar y el trabajo que le han asignado. En El discurso del rey, Bertie se entera de un logopeda poco convencional, y ahora debe conocer a Lionel Logue y decidir si quiere trabajar con él.

En tu historia de éxito, no importa cuán desesperado esté tu héroe, no saltará inmediatamente a la acción. Comenzará haciendo preguntas:

¿Cómo debo reaccionar ante esta crisis?, ¿cuáles son mis opciones?, ¿cuáles son sus costos, en dinero y en tiempo, y en estrés físico y emocional?, ¿qué se espera de mí?, ¿cuánto riesgo hay involucrado?, ¿cómo sé cuál de mis opciones tendrá éxito? y ¿qué pasará si fallo?

Ten en cuenta que todas estas preguntas crean otro tipo de conflicto: la incertidumbre. Cuando tu comprador o cliente escuchó por primera vez de tu producto o servicio, puede haberle sonado genial, pero te prometo que era escéptico. Tenía que ser persuadido de que valía la pena cualquier riesgo involucrado.

Las historias de éxito ineficaces eliminan erróneamente este elemento. Los héroes de esas historias aprenden sobre el producto o servicio de un vendedor e inmediatamente gastan su dinero y se sumergen.

La inclusión de este paso te permite verbalizar todas las preguntas que se hacen tus posibles compradores, y luego te brinda la oportunidad de responderlas. Abordar las preocupaciones de tu héroe de esta manera, y revelar cualquier respuesta a la que haya llegado, aliviará mucho la incertidumbre y la resistencia que tu cliente potencial ya está sintiendo.

Usar su historia para ilustrar las cualidades positivas de tu producto influirá más en tus lectores que si simplemente presentas los hechos, estadísticas y argumentos. La inclusión de esta parte del viaje brinda a tus compradores (que se identifican con tu héroe) la experiencia emocional de tomar la decisión correcta y decir sí a tu oferta.

Cuando entrevistas a tu héroe, él puede revelar que antes de elegir tu oferta, compró otros métodos o productos, con la esperanza de que resolvieran su problema.

¡Esta es una gran noticia!

Incluir estos fallidos comienzos en la historia de tu héroe te brinda una oportunidad de oro para revelar (a través de las experiencias y conclusiones de tu héroe) lo que sucedió con esos otros productos y qué los hace inferiores a los tuyos.

Los fracasos o contratiempos que experimentó tu

héroe al usar los productos de tus competidores — productos que hacen muchas de las mismas promesas que los tuyos— serán mucho más efectivos para atraer compradores potenciales que si simplemente afirmas: «El mío es mejor que el de ellos».

Compromiso

Al final de este período de incertidumbre y deliberación, describe el momento en que tu héroe finalmente pagó y comenzó tu programa. Un hecho final, un poco de aliento por parte de un ser querido, o algún sentimiento instintivo le dijeron que esta era la mejor manera de enfrentar su crisis, resolver su problema y lograr el éxito.

Descubre de tu héroe exactamente qué estuvo involucrado y cómo se sintió al hacer ese compromiso.

Y a medida que cuentes su historia, deja que tus lectores escuchen la declaración exacta sobre lo que él quería. «Fue entonces cuando le dije a mi esposo: —Esto es todo. ¡Voy a comenzar este programa, y en noventa días voy a lanzar mi nuevo sitio web!».

Ten en cuenta que en este ejemplo incluí un límite de tiempo para que el héroe logre su objetivo. Agregar un «reloj» como este aumenta aún más el conflicto para tu héroe. Y el conflicto provoca... bueno, ya sabes.

Revelaré más sobre los plazos y los relojes en el capítulo 9. Pero ahora tenemos que impulsar a tu héroe hacia la línea de meta con los pasos tres y cuatro.

CAPÍTULO 5

Pasos tres y cuatro: Persecución y conflicto

Tan pronto como el héroe de tu historia se comprometa a utilizar tu producto, método o entrenamiento, empieza a llevar a tus lectores a través de los pasos específicos que él tomó y los obstáculos que enfrentó.

De nuevo, quieres darle a tu cliente potencial la experiencia emocional de trabajar contigo, tu empresa o tu producto ¡y tener éxito! Simplemente diciendo: «Una vez que me contrató, sus problemas fueron resueltos y su vida cambió para siempre», no lo harás.

Solo haciendo el viaje con tu héroe, tus lectores o audiencia entenderán lo que involucra y se darán cuenta de los beneficios específicos de lo que estás ofreciendo.

Pasando a la acción

¿Qué fue lo primero que hizo tu cliente una vez que se comprometió con tu producto?, ¿descargar un programa?, ¿recibir el producto por correo, ¿reunirse contigo para una evaluación inicial o una sesión de consulta?

Sea lo que sea, descríbelo. Crea una imagen de sus acciones.

¿Qué hay de sus sentimientos?, ¿estaba emocionado?, ¿nervioso?, ¿escéptico?, ¿asustado? Describe esas emociones también.

Continúa de la misma manera a través del paso tres, detallando algunas de las acciones específicas que tu héroe tomó mientras él persiguió su objetivo. Y experimentemos lo que hizo. Escuchemos los sonidos y sintamos las sensaciones que formaron parte de la búsqueda.

Tu objetivo como narrador es crear una película en la mente de tu audiencia. Deja que vean a tu héroe – imaginándose a sí mismos– mientras se acerca cada vez más a la victoria a través del paso tres.

Incorporar estas partes del proceso actual, no solo impulsa tu historia, sino que también ofrece una imagen mucho más clara de lo que significa trabajar contigo y de cómo será el uso de tu producto. En lugar de decirles lo simple, instructivo, productivo o motivador que es tu proceso, les estás mostrando de qué se trata y lo que conlleva.

Incluir cada pequeño detalle o elemento de la búsqueda de tu héroe no es necesario ni aconsejable. Escoge solo dos o tres tareas clave que realizó tu héroe para lograr el resultado deseado, centrándote en aquellos pasos que hacen que tu producto sea único y que experimentarlo suene divertido y gratificante.

Obstáculos

Junto con los pasos que dio tu héroe, incluye alguno de los obstáculos y contratiempos que él encontró.

Para el paso cuatro, revela el conflicto que enfrentó tu héroe. ¿Cuándo fue difícil el proceso?, ¿cuándo se sintió desanimado?, ¿hubo momentos en que el mundo exterior se interpuso en su camino?, ¿lo criticaron amigos o seres queridos, o expresaron simpatía o preocupación porque estaba trabajando demasiado duro o malgastando su dinero?, ¿alguna vez estuvo tentado a posponer el proceso o dejarlo por completo?

Y lo más importante: *¿cómo superó esos obstáculos?*

Puede que seas reacio a revelar tal conflicto en tu historia, por miedo a pensar que las dificultades y los contratiempos asustarán a los posibles compradores. Pero sugiero que los incluyas por dos razones:

1. Tu objetivo es provocar emoción y (dilo conmigo…) la emoción surge del conflicto. Los momentos de lucha que enfrenta un héroe son los más emotivos de cualquier historia.

2. Tus posibles compradores ya están preocupados sobre ofertas y oportunidades que también suenan demasiado bien para ser verdad, porque en el pasado todos han desperdiciado dinero en productos similares.

Si declaras abiertamente que el proceso que estás «vendiendo» no es pan comido –que frustraciones y dificultades podrán aparecer en el camino– luego puedes mostrar a tu héroe superando estos obstáculos para lograr un progreso aún mayor.

Ahora has convencido a tus compradores de que tu producto no es una fantasía caída del cielo y les has dado una experiencia emocional de mayor éxito.

No conozco a nadie que crea en esos titulares de portadas de revistas que prometen unos abdominales de anuncio con solo cinco minutos al día mientras comes palomitas. Haciendo que tu proceso suene como un paseo por el parque crearás más escepticismo que persuasión.

Si estás utilizando esta historia para promocionarte –como entrenador, consultor o experto– incluir el conflicto de tu héroe te permite revelar cómo enfrentó su miedo, frustración y recelos, y cómo lo ayudaste a superar lo que sea que lo detenía.

Continúa describiendo los pasos tres y cuatro –los altibajos de la búsqueda y el conflicto de tu héroe– de una manera hasta que finalmente esté al borde del éxito, listo para cruzar esa línea de meta mágica… el clímax.

CAPÍTULO 6

Pasos cinco y seis: El clímax y las secuelas

Ninguna película de Hollywood ha tenido éxito si su final ha sido malo. Si el público deja el cine confundido, frustrado, enojado o decepcionado, el boca a boca será negativo, y la taquilla disminuirá visiblemente.

Así sucede con tu historia de éxito: el final te hará aumentar o disminuir tu capacidad de aumentar los ingresos.

La línea de meta

Al investigar tu caso de estudio y entrevistar a tu cliente o comprador, hazle las siguientes preguntas: «¿Cuándo te diste cuenta de que finalmente habías logrado tu objetivo?, ¿qué sucedió exactamente?, ¿dónde estabas?, ¿quién estaba contigo?, ¿qué hiciste?, ¿cómo reaccionaron los demás? Y por último ¿cómo te sentiste en ese momento?».

Entonces experimentemos ese momento de victoria junto con tu héroe.

Quizás el héroe de tu estudio de caso recibió un cheque

de cinco cifras, más de lo que jamás había soñado. O tal vez pudo levantar a su hijo por primera vez sin sentir un dolor insoportable. O Quizás el amor de su vida dijo sí a su propuesta.

Si generalizas estos momentos con declaraciones como, «… y finalmente logró la libertad financiera» o «… y por primera vez en mucho tiempo, se sintió saludable», conseguirás disipar las emociones de tus compradores en lugar de centralizarte en ellas.

Has hecho que tu héroe experimente la meta. Ahora haz lo mismo con el clímax.

Realmente no importa cuál fue el momento, siempre y cuando lo que describas (el entorno, los sonidos, las sensaciones, las acciones y las emociones profundas) sea claro y auténtico. Tus lectores y oyentes no solo quieren un resumen del éxito de tu héroe; ellos quieren *sentirlo*.

La imagen posterior

Del mismo modo, cuanto más auténtica sea la transformación del comprador, más envolvente y atractiva es tu historia. Y mientras más se parezcan los sueños de tu héroe a los de tus compradores potenciales, es más probable que digan sí a tu oferta.

Comprueba en meses, o incluso años, después de que tu héroe logró su objetivo. ¿Cómo era su vida entonces?, ¿cómo coincidió con lo que él anhelaba?

¿Qué beneficios inesperados recibió de tu producto?, ¿cómo afectó su éxito a otros en su vida: su familia, sus amigos, sus compañeros de trabajo y sus clientes?

Cualquier problema que resuelva tu producto, y cualquier promesa que le hagas a tus compradores, las secuelas de tu héroe deben mostrar una vida sin ese problema: una vida con esa promesa cumplida.

Los detalles de las secuelas de tu héroe no coincidirán con el sueño exacto de cada comprador. Pero sí el significado transmitido por la nueva voluntad de tu héroe.

Quizás el protagonista exitoso de tu estudio de caso ahora vive en una hermosa casa de troncos, en un bosque, al lado de un lago azul cristalino, con la vista de montañas nevadas en la distancia. Puede que ese no sea el sueño de todos tus compradores potenciales. Pero si tus promesas sobre el producto aumentaron su riqueza, ese hogar , ese lago y ese paisaje espectacular representan lo que la mayoría de nosotros deseamos profundamente: independencia financiera, libertad y un hogar rodeado de belleza y tranquilidad .

Tu historia de éxito retrata a un solo individuo que se benefició de tu producto o servicio. Pero debido a la empatía que has creado, y el poder emocional del viaje de tu héroe, el mensaje subyacente de su historia es universal: este podrías ser tú, esto es lo que puedes lograr, esta puede ser tu nueva vida.

Cuando tus lectores estén convencidos de esto, gracias

al poder de tu historia, comprarán cualquier cosa que estés comercializando.

¡Ya tienes tu primer borrador!

¡Felicidades! Tu historia está escrita.

Sé que aún no está terminada; todavía queda trabajo por hacer. Pero la parte más difícil ha terminado. Entonces detente, felicítate y celebra.

Ahora puedes comenzar un proceso mucho más agradable: reescribir tu historia de éxito para maximizar su potencial y transformarla de algo normal a algo espectacular.

CAPÍTULO 7

El viaje interior

Todos decimos que queremos cambiar. Pero en la mayoría eso no es la verdad. Solo queremos que nuestras circunstancias cambien. Queremos ser más ricos, más saludables, más felices, más amados y más realizados, pero realmente no queremos cambiarnos a nosotros mismos.

Desafortunadamente, lograr lo primero requiere arriesgar lo segundo.

Es poco probable que alcancemos nuevos niveles de éxito si nos aferramos a nuestros viejos niveles de pensamiento, comportamiento y emociones. Abandonar esos patrones familiares significa abandonar nuestras zonas de confort y arriesgarnos a fallar, a la pérdida y al rechazo.

Entonces al ver los movimientos que producen el cambio, detendremos cualquier transformación real, porque simplemente es demasiado aterrador.

Desde libros de autoayuda, oradores motivacionales, conferencias profesionales hasta con terapia personal, gastaremos bolsas de dinero para aprender a cambiar. Pero el problema casi nunca es cómo cambiar. El problema es encontrar el coraje para hacer lo que ya sabemos.

En la serie de tiras cómicas Pogo, Albert Alligator quería perder peso. «Come menos, haz más ejercicio», le dijo Porky Pine. Pero en cambio, Albert probó una nueva dieta increíble que lo ayudaría a perder peso sin esfuerzo. Cuando falló, Porky dijo: «Come menos, haz más ejercicio». Pero Albert continuó probando un programa milagroso tras otro sin éxito. Y cada vez que uno de sus intentos fallaba, Porky le decía: «Come menos, haz más ejercicio». Albert nunca siguió el consejo de Porky y nunca perdió peso.

En el fondo, Albert sabía lo que tenía que hacer para cambiar. Simplemente no quería hacer el sacrificio, prefirió simplemente esperar a que sus circunstancias se transformaran milagrosamente.

Esto probablemente fue lo que le sucedió al héroe de tu historia de éxito. Y te garantizo que es cierto para tus compradores potenciales, porque la verdad es esta: «El mayor obstáculo que enfrentas para que la gente compre y use tu producto y lo lleven a cabo es que tienen demasiado miedo».

Tus clientes no admitirán esto, ni siquiera se darán cuenta. En cambio, dirán que son demasiado pobres o que están demasiado ocupados, que son demasiado inteligentes o demasiado tontos, demasiado viejos o demasiado jóvenes o demasiado feos para que tu producto funcione en ellos.

O harán lo que todos hemos hecho: comprar el producto y probarlo por un tiempo, solo para después abandonarlo por algún nuevo sistema que pensamos que nos conducirá al cambio que deseamos.

Al menos puedes ganar algo de dinero con este segundo grupo de compradores porque pagarán por lo que estés vendiendo solo para probarlo y para sentirse como si estuvieran haciendo algo positivo. Pero ellos nunca se convertirán en clientes duraderos y nunca te traerán la satisfacción de sentir que verdaderamente pudiste transformar la vida de alguien.

De la identidad a la esencia

Entonces, ¿cómo utilizas tus historias de éxito para ayudar a superar la resistencia de tu comprador al cambio real? De la misma manera que los convences del valor de tu producto: «Dando a tus compradores potenciales la experiencia emocional de coraje y transformación».

Esto es lo que hace una gran película.

Un héroe comienza la película atascado de alguna manera, ya que ha sido herido en el pasado, y aunque él piensa que ha superado esa situación dolorosa, todavía está afectando su comportamiento. Él se ha creado una «identidad», un ser falso que presenta al mundo para protegerse de experimentar ese dolor otra vez.

Esta identidad (esta persona «artificial»), es la

armadura emocional que lo hace sentir seguro. El problema es que también evita que el héroe llegue al éxito y a la transformación, porque mientras él viva dentro de esa identidad, no podrá cambiar ni crecer, y no podrá conseguir lo que realmente quiere.

El desarrollo pleno de este personaje solo llegará cuando encuentre el coraje para dejar su identidad y vivir su esencia, vivir la realidad de la persona que tiene el potencial de cambio.

Entonces, cuando el héroe persigue ese objetivo visible, se decantará entre sentirse seguro pero atrapado (en su identidad), o sentirse satisfecho pero atemorizado (en su esencia).

Este tira y afloja es lo que se conoce como «conflicto interno».

Uno de mis ejemplos favoritos de este tipo de cambio de carácter, esta transformación de identidad a esencia está en la película El indomable Will Hunting (Good Will Hunting).

Will (Matt Damon) es un joven que de niño fue repetidamente maltratado por su padre. Como resultado de esta herida, erróneamente cree que merecía tal castigo, y que si alguien quisiera ver quién es realmente, vería que no valía nada, y lo abandonaría.

Entonces, en lugar de revelar a alguien su genio matemático, él simplemente pasa el rato con sus amigos de la ciudad, se mete en peleas y trabaja limpiando en el

M.I.T. (Instituto de Tecnología de Massachusetts).

Esta es su identidad.

Luego conoce a Skylar (Minnie Driver), y se enamora de ella. Pero no puede permitirse admitirlo, o comprometerse con ella, porque hacerlo significaría dejar su identidad protectora y revelar su verdad. Ella podría ver quién es realmente y arriesgarse a eso es impensable para Will. Dejarla ver su esencia es demasiado aterrador. Entonces, cuando ella comienza a acercarse demasiado, la rechaza.

Es solo con la ayuda del psicoterapeuta Sean (Robin Williams) que Will encuentra el coraje para descubrir su esencia, revelar su inteligencia y expresar su amor por Skylar. Solo entonces este héroe completa su realización personal.

Revelando los miedos de tu héroe

Puedes usar estos mismos principios de narración en tu caso de estudio agregando el conflicto interno de tu héroe a los obstáculos visibles que ya has revelado en el paso cuatro.

A propósito evité discutir los principios del conflicto interno en el capítulo 5, porque incluirlo en una historia de éxito es opcional. Muchas películas de gran éxito, y muchas historias de marketing muy lucrativas, omiten este elemento del viaje del héroe. Si el conflicto visible en estas historias es lo suficientemente bueno, y si la historia es lo suficientemente convincente, el público y los clientes lo aceptarán.

Pero revelar los miedos ocultos a los que se enfrentaba tu héroe mientras perseguía el éxito profundizará la emoción de tus historias, y agregará una mayor empatía y conflicto.

Lo más importante es que el viaje interior de tu héroe pueda brindar a tus compradores potenciales la experiencia de superar los miedos que ya sienten sobre el riesgo que supone el cambio y el fracaso, y lo que supone arriesgarse con tu producto.

Al analizar o investigar el tema de tu estudio, explora los miedos subyacentes que bloquearon a tu héroe en su viaje: ¿Qué fue lo más difícil acerca de este proceso?, ¿alguna vez se sintió atrapado?, ¿asustado?, ¿alguna vez se sintió tentado a rendirse?, ¿se dio por vencido en algún punto en concreto?, ¿por qué?, ¿qué pasó por su mente cuando tuvo la tentación de detenerse, o cada vez que perdió un día de su nuevo régimen?

Pregúntale a tu héroe potencial sobre esas voces internas y externas que pueden sabotear nuestras mejores intenciones: ¿Qué se dijo a sí mismo que podría haber frustrado su progreso?, ¿qué dijeron o hicieron otros para hacerle retroceder?, ¿qué es lo que más le asustó al seguir este nuevo camino?, ¿esto le recordó algún momento doloroso del pasado cuando se sintió asustado o derrotado?

Entonces descubre cómo tu cliente encontró el coraje para superar estos miedos: ¿Cómo fue capaz de continuar?, ¿qué se dijo para evitar sentirse desanimado o derrotado?, ¿qué tipo de apoyo obtuvo de otros?, y si alguna vez tuvo miedo ¿cómo superó ese miedo?

Muchas de estas preguntas son bastante personales, así que deberás desarrollar un nivel de confianza para conseguir que tu cliente se pueda sincerar. Pero gracias a que estás hablando con alguien que finalmente fue lo suficientemente valiente como para tener éxito, él puede estar feliz de compartir sus heridas y temores para ayudar a otros a enfrentar los mismos conflictos internos.

El cónyuge de tu cliente, o cualquier otra persona que ayudó a tu héroe en su viaje, será una gran fuente de material para explorar la transformación de tu héroe de la identidad a la esencia. Los seres queridos de tu héroe son probablemente muy conscientes de los temores que tenían que ser superados para que él lograra su objetivo.

Tu estudio de caso no tiene que revelar las heridas específicas del pasado de tu héroe. Lo más importante es revelar los bloqueos y temores que él encontró al perseguir el éxito y cómo tu, tu programa, y tu sistema de apoyo le ayudaron a superarlos.

Los temores que enfrentó tu héroe deben coincidir con los temores con los que luchan tus compradores potenciales. No será demasiado difícil, porque todos tememos el mismo temor: «miedo a lo desconocido».

Todos nos hacemos las mismas preguntas:

• ¿Qué pasa si intentar esto me hace parecer tonto, codicioso, loco…?

• ¿Qué pasa si estoy malgastando mi dinero?, ¿qué pasa si termino peor de lo que empecé?

•¿Qué pasa si fallo y estoy condenado a la vida que tengo ahora?, al menos ahora tengo mis sueños para el futuro. Si este nuevo proceso no funciona, y demuestra que mis sueños no tenían sentido, entonces ¿qué tendré que esperar?

• ¿Qué pasa si tengo éxito?, ¿mis amigos y familiares me verán de la misma manera?, ¿tendré que enfrentarme a demasiada responsabilidad?, ¿perderé el sentido de quién soy?

También puedes incorporar los miedos y los contratiempos que otros compradores o clientes vencieron cuando encontraron el éxito con tu producto o proceso. Tu estudio de caso no es necesariamente la historia de un solo cliente, sino que puede ser un compuesto de elementos veraces de varios viajes de diferentes compradores.

Si eres un consultor que trabaja principalmente con empresas, ten en cuenta que las empresas también poseen identidades que pueden evitar el cambio necesario para tener éxito. Quizás se hayan quemado en el pasado probando algo nuevo o contratando a un consultor exterior. O tal vez han tenido mucho éxito en el pasado, y ahora tienen miedo de dejar ir lo que siempre les ha funcionado tan bien.

No es difícil encontrar ejemplos de empresas atrapadas en sus identidades. General Motors, IBM, Hewlett–Packard, Blockbuster, Hallmark, Sears y todos esos centros comerciales ahora vacíos que solían prosperar: todos han sufrido pérdidas o se han extinguido porque no podían dejar de lado lo que siempre habían hecho. Para algunos, cuando vieron la luz, llegaron demasiado tarde al juego.

Asesorar o venderle a estas corporaciones requiere que transmitas (a través de tus historias y tu trabajo con ellos) que ese éxito siempre significará salir de sus zonas de confort y entrar de lleno en sus miedos a lo desconocido; hacer lo contrario casi siempre garantizará el fracaso.

CAPÍTULO 8

Top-Storytelling: La Maestría de las historias de éxito

La reescritura no es solo un paso a través de tu historia, es un proceso continuo de lectura y relectura, cada vez agudizando la historia y aumentando su potencial emocional.

Estilo de escritura fácil

Con solo mencionar sobre mejorar el estilo de su prosa, muchos narradores se asustan y bloquean, o se rinden por completo.

«No soy escritor», dicen. «Yo apenas comprendo el español. Tengo una gramática horrible y no puedo competir con aquellos escritores que tienen grandes vocabularios, mucha educación y saben cómo crear magia con el lenguaje ¿a quién estoy engañando?».

Si te identificas con estas opiniones, si tu estómago está hecho un nudo, o te sientes desanimado solo con pensar en mejorar tu escritura, entonces hay algo de lo que no te has dado cuenta y es que: «casi todo lo que crees que se requiere para convertirse en un buen escritor es incorrecto».

Es todo lo contrario: «lo que supones que son las cualidades de una gran escritura, de hecho funcionarán en tu contra».

Las marcas de una historia bien escrita, y ciertamente de una historia de éxito bien escrita son: «Simplicidad y Claridad». Ninguna de estas cualidades se logra a través de grandes palabras, prosa sofisticada o ideas abstractas.

Esto no quiere decir que las obras de maestros literarios como Melville, Faulkner o Joyce no posean mucha complejidad y oblicuidad, sino pregúntale a cualquiera que haya tenido que leer Moby Dick o Ulises en la universidad.

¿Pero… te gustaría leer un libro de instrucciones o un correo electrónico de marketing de alguno de esos escritores?

Para nuestros propósitos, las buenas historias son como buenos guiones: rápidos, fáciles y agradables de leer.

Las historias de cine nos mueven, nos iluminan y nos persuaden seduciéndonos con imágenes vívidas e intrigantes personajes, luego nos impulsan hacia adelante involucrándonos emocionalmente con la acción, el conflicto y el diálogo, y esto es lo que quieres que hagan tus casos de estudio. Y ese objetivo se logra usando tu vocabulario natural y hablando con tu propia voz.

Piensa en la última vez que te sentaste con un amigo para contarle algo que te había sucedido.

¿Te detuviste preocupándote de que tu vocabulario no fuese lo suficientemente sofisticado como para mantenerlo interesado?

¿Tu amigo comenzó a bostezar o se alejó porque tu prosa era demasiado simple?

Lo dudo, de hecho apostaría que cuando escuchas historias de otros, tus ojos comienzan a brillar, y cuando sucede lo contrario tal vez es porque sus narraciones deambulan por todos lados, o intentan sonar inteligentes o superiores, y simplemente no puedes seguir lo que dicen. Entonces, a medida que avanzas en tu estudio de caso, tu objetivo siempre es hacerlo más simple y más personal.

Tu escritura debe tener la sensación de una conversación, donde le dices a tu potencial comprador, «Déjame decirte lo que le pasó a una persona que conozco».

Con esto en mente, te doy los elementos de la historia y te sugiero que los revises, edites y pulas:

Tiempo

Imagina un estudio de caso que comienza describiendo la vida cotidiana de una persona que sufre a través de su trabajo sin sentido en una agencia de cobros:

«Sentado en su cubículo de seis por seis pies, Henry mira fijamente la lista de números en la pantalla de su ordenador, con la idea de llamar a otra persona que tiene una factura de tarjeta de crédito vencida».

El pasaje anterior está escrito en tiempo presente, lo que le da a la historia más inmediatez.

Nos sentimos como si estuviéramos viendo una película que se desarrolla justo delante de nuestros ojos.

Pero esa misma configuración podría haber sido fácilmente escrita en tiempo pasado:

«Mientras Henry se sentaba en su cubículo de seis por seis pies y miraba fijamente los números en la pantalla de su ordenador, temía llamar a otra persona con una factura de tarjeta de crédito vencida».

Esta versión podría ser más apropiada para un caso de estudio, ya que el héroe es alguien que realmente tuvo ese trabajo en el pasado.

El tiempo pasado también es más familiar para la mayoría de los lectores y audiencias, porque se usa más frecuentemente en historias escritas y habladas. El error sería mezclar tiempos presentes y pasados. Si el comienzo dice: «Henry se sienta en su cubículo. Temía pensar en otra llamada telefónica» el potencial emocional de la secuencia quedaría disminuido, ya que los lectores tratarían de entender por qué sonaba extraño.

Elige el tiempo que creas que es mejor para tu historia o se sienta más natural para ti. Evita cambiar de un tiempo a otro dentro de la historia.

Detalles

Una debilidad común entre todos los narradores de historias, guionistas y novelistas, así como especialistas en marketing, líderes corporativos y oradores es la tendencia a resumir.

Cuando escribes o cuentas una historia, estás creando una película en la mente de tus lectores o audiencias. A medida que escuchan sobre las vidas y acciones de tus personajes, crean imágenes mentales de lo que estos personajes ven, dónde están y qué están haciendo.

«Cuanto más vívidas sean esas imágenes, más cautivadora y persuasiva será tu historia».

Sorprendentemente, cuanto más específico y vívido sea el retrato de la vida de tu héroe (incluso si nuestras propias vidas casi no se parecen a la de tu héroe), tu héroe se convierte en algo más universal.

Esto significa que cuanto más generalices tu descripción, más nos identificaremos con ese personaje, es decir, que cuanto más detalladamente describas los escenarios, personajes y acciones, será más fácil para tus lectores y oyentes visualizar la película mental que están viendo, y estarán más involucrados emocionalmente.

Considera la configuración de tu historia. Debes presentar a tu héroe viviendo su vida cotidiana, enfrentando algún tipo de conflicto que aumentará la empatía: un conflicto que tu producto eventualmente resolverá.

¿Cómo puedes hacer que ese escenario, personaje y acción sean más específicos y visibles?

Supongamos que estás haciendo una presentación sobre un sistema para aumentar la riqueza, y el tema de tu historia de éxito es una mujer que estaba en problemas financieros y usó tu producto para multiplicar sus ingresos.

Puedes comenzar tu historia diciendo: «Catherine era una madre soltera que luchaba con una situación financiera complicada».

Esto ciertamente le dará a tu audiencia una idea de su vida cotidiana, y sentirán cierto grado de empatía con ella. Pero la imagen que tienen será borrosa y vaga porque has resumido su situación.

Imagina presentar al mismo héroe con esta escena:

«Catherine estaba envuelta en su bata de baño mientras estaba sentada en la cocina de su pequeño apartamento de una habitación. La destartalada mesa de cartas frente a ella estaba cargada de montones de sobres sin abrir. Mientras sus dos pequeñas hijas devoraban otro plato de espaguetis, trató desesperadamente de separar las facturas que debían pagarse de inmediato de las que podrían posponerse un mes más».

¿No estás inmediatamente más involucrado con esta mujer?, ¿te sientes más triste por ella?, ¿te preocupas más por ella?

O supongamos que tu producto es un suplemento vitamínico para mejorar la salud. Describir la forma en que tu cliente se quedó sin aliento después de subir las escaleras con su hijo pequeño sería más vívido y poderoso que simplemente decir que tenía asma o que no estaba en buena forma.

No te dejes llevar y permitir que tus pasajes descriptivos continúen sin cesar. Cíñete a dos o tres detalles cada uno para el escenario, el personaje o la acción.

La ilustración de arriba menciona el departamento del héroe, su bata de baño, una mesa llena de montones de cartas, ella separándolas, y espaguetis. Seis elementos vívidos para crear imágenes del escenario, el héroe, sus hijos y su acción. Pero no continúa hablando de pintura descascarada o de sus zapatillas o de lo que llevaban sus dos niñas o de cómo se veían los platos o qué tipo de bolígrafo sostenía. Los seis elementos seleccionados son suficientes para dar una instantánea de la escena sin que el pasaje siga y siga.

Tus descripciones también deben transmitir tanto sobre la vida interior de tu héroe como sea posible. ¿Nos dan una idea de cómo estaba atrapado tu héroe?, ¿de sus miedos a lo largo de la historia?, ¿de sus sentimientos de satisfacción después de su eventual éxito y transformación?, ¿de las formas en que los que lo rodeaban también se transformaron?

No solo vemos imágenes; nosotros las interpretamos. Cuanto más tus descripciones conduzcan a una comprensión más profunda de tu héroe, más poderosa será tu historia. Busca también lugares donde puedas agregar tus propios comentarios sobre lo que le sucedió a tu héroe, en lugar de simplemente contar su historia.

Al decir: «Charles estaba desanimado», revelas tu interpretación de lo que estaba sucediendo. Pero diciendo «Todas las mañanas Charles se arrastraba fuera de la cama y ponía sus pies sobre la vieja alfombra, preguntándose si este sería el día en que su vida podría cambiar», permite a los lectores sacar sus propias conclusiones.

Por supuesto, cualquier herramienta de marketing puede incluir resúmenes y comentarios que describan el producto que estás lanzando; pero la parte de la historia del anuncio está construida sobre detalles de acción, descripción y diálogo.

Diálogo

Echa un vistazo al siguiente párrafo:

Cuando Jim le dijo a su esposa lo desanimado que estaba con sus problemas de salud, y que le preocupaba que las cosas nunca mejoraran, ella le dijo que no perdiera la fe y que encontraría alguna forma de ayudarlo a mejorar.

Esto no es malo, ya que incluye algunos elementos claves de una historia de éxito. Vemos una imagen de estos dos personajes y cómo están atrapados. Empatizamos con ellos, tenemos una idea de sus problemas y objetivos, estamos alentando a Jim para que se vuelva más saludable, y sentimos curiosidad por saber cómo puede suceder eso.

Pero compáralo con este pasaje:

Jim miró con lágrimas en los ojos a su esposa, «No creo que las cosas mejoren». — «No te preocupes», le dijo ella mientras le tomaba la mano suavemente. «Vamos a encontrar una manera de superar esto.»

¿Qué versión es más emotiva?, ¿cuál crea una imagen más real de lo que está sucediendo?, ¿qué te hace sentir más ansioso de seguir leyendo?

El diálogo es una herramienta poderosa para dibujar a tus lectores en tus historias de éxito. Citando tú los personajes, usando sus palabras exactas, haces que tus historias sean más inmediatas, más vívidas, más reveladoras y más envolventes.

Solo asegúrate de que tu diálogo se sienta real:

• ¿Imita la forma en que las personas realmente hablan?

• ¿Usan tus personajes el tipo de jerga que estamos acostumbrados a escuchar en la vida real?

• ¿El vocabulario es apropiado para sus antecedentes, personalidades y profesiones?

• ¿Hablan naturalmente o «anuncian» sus deseos y sentimientos?

• ¿Hablan fácil y libremente, como lo hacen las personas que se conocen desde hace algún tiempo, o se llaman repetidamente por sus nombres?

Después de agregar un diálogo a una historia, léelo en voz alta. ¿Suena como algo que podrías escuchar a la gente decir? si no, sigue jugando con él hasta que se sienta natural.

Profesionalismo

Ahora llegamos a las temidas reglas de *la ortografía, gramática y puntuación.*

Tengo amigos y clientes que son vendedores de Internet muy exitosos y que no se preocupan por los errores tipográficos o el uso incorrecto de las palabras. Piensan que los errores no tienen importancia, y que cualquier cosa que escriban, apropiada o no, es una expresión honesta de quiénes son.

Estoy en desacuerdo.

Como ya sabes, mi enfoque de una historia se trata de crear la mayor participación emocional posible para tus lectores. Y cada vez que un lector encuentra una palabra mal escrita o una coma fuera de lugar, él se apartará de la historia. En lugar de permanecer atento al mundo que has creado, ahora se estará concentrando en las palabras mismas, preguntándose si lo que escribiste es correcto o no.

No es que tu comprador potencial diga: «Si este tipo no sabe deletrear, no voy a hacer negocios con él». Pero podría estar tan distraído por los errores en tu prosa que pierde interés en la historia que estás contando y él puede comenzar inconscientemente a cuestionar tu nivel de profesionalidad.

Para corregir estos errores, comienza revisando la ortografía de cada documento que publiques. Luego haz una búsqueda de palabras que a menudo se confunden porque suenan igual pero tienen diferente significados y usos, comenzando por «Hay» (una forma del verbo haber), «Ahí» (un adverbio), «Ay» (una interjección que indica dolor o sorpresa). Busca también «Revelar» (descubrir o manifestar), «Rebelar» (sublevar).

Tu programa de procesamiento de textos también debería detectar algunos errores gramaticales. Y si realmente tienes problemas de gramática y puntuación, pídele a un amigo o editor que sea bueno en esos elementos que te ayude corrigiendo tu historia.

Aquí hay otras dos debilidades muy comunes que hay que evitar:

Repetición innecesaria

Una forma clave para evitar historias demasiado largas o sinuosas es eliminar repeticiones innecesarias. Mientras relees tu historia, ¿la encuentras dando vueltas para llegar al mismo punto una y otra vez?, ¿estás repitiendo palabras o frases, a veces dentro del mismo párrafo, en lugar de agregar variedad a tu prosa?

Si tu estudio de caso se divide en secciones que se enviarán por correo electrónico durante varios días, entonces es una buena idea recordarle al lector dónde quedó la historia en el correo electrónico anterior y quizás reiterar los puntos clave que has compartido o mencionado hasta ahora.

Luego pasa a algo nuevo. Asegúrate de que tu héroe tome nuevas acciones, enfrente nuevos obstáculos y que se revelen nuevos principios con cada secuencia o correos electrónicos sucesivos.

Irrelevancia

Elimina cualquier situación o secuencia que sea innecesaria o irrelevante para tu historia, y para el objetivo visible de tu héroe.

Quizás hayas creado un encuentro emotivo entre tu héroe y su hija. Pero si esto no se conecta de alguna manera a su motivación externa, a su objetivo visible en la historia, entonces debería eliminarse sin importar cuán conmovedor sea.

Los principios anteriores son bastante básicos y universales. En el próximo capítulo quiero compartir algunos trucos y técnicas especiales para contar historias que agregan magia a las películas de Hollywood, trucos que también puedes emplear fácilmente en tu propia narración.

CAPÍTULO 9.

La magia de Hollywood

Trabajando con cineastas y guionistas durante cuatro décadas, he recogido algunas de las herramientas clave utilizadas en películas y programas de televisión para cautivar al público. También puedes usar estos mismos trucos del oficio para maximizar el poder de tus propias historias.

Herramientas estructurales y técnicas

Además de la estructura general de tus historias de éxito –los seis pasos– varias técnicas adicionales de películas te ayudarán a decidir qué debe suceder y cuándo:

➤ El reloj que hace tictac

Cuando tu héroe dice: «Quiero ponerme en forma», se revela un objetivo, pero es vago, indefinido y difícil de visualizar. «Quiero ganar un triatlón» eso involucra mucho más, porque podemos imaginarnos a tu héroe resoplando o cruzando una línea de meta, exhausto pero satisfecho.

Pero «¡Tengo que estar listo para completar el Triatlón

Ironman en tres meses!». Esto es aún más fuerte. No solo es más específico y vívido, sino que le da a tu héroe un límite de tiempo. Introducir una fecha límite en tu historia aumenta en gran medida nuestra participación emocional, porque el conflicto ahora es aún mayor. Una carrera contra el tiempo aumenta las apuestas, y los obstáculos, para tu héroe.

Un cliente que con tu ayuda ganó 30.000 € puede ser la base de una sólida historia de éxito. Pero imagina un cliente que con tu ayuda ganó 30.000 € antes de que el banco le quitara su casa. Ahora tienes una historia de éxito inolvidable sobre un cliente que fue capaz de hacer lo imposible.

➤ **Curiosidad**

A los lectores les gustan los rompecabezas. Cuando leemos historias nos gusta preguntarnos por qué y cómo ocurrieron los eventos o cómo el héroe pudo tener éxito. No queremos que todo se presente de manera tan plana y tan expositiva que no haya ningún misterio, y nada que nos haga ir a la página siguiente.

No entregues todo por adelantado, y no expliques todo tan pronto como ocurra. Y nunca regales el final antes de que suceda.

¿Qué es más probable que leas: una historia sobre alguien que vive en la casa de sus sueños o una historia sobre alguien que estaba desesperado por comprar la casa de sus sueños?

Supongo que elegirías el no saber de inmediato cómo el héroe llegó a la meta deseada.

Imagina crear una historia de éxito con estos ritmos, en secuencia:

- Tu heroína recibió un aviso por correo que sabía que cambiaría su vida…
- Ella llevó está carta en su bolsillo durante dos días, temerosa de enfrentar la realidad de lo que eso significaba…
- Se acercó a ti como consultor porque estaba desesperada por saber cómo lidiar con lo que decía la carta…
- Ella te entregó la carta, y solo entonces (y ahora tus lectores) te diste cuenta de que ella había heredado 200.000 € y no tenía idea de cómo manejar ese tipo de ganancia inesperada.

¿No es una acumulación mucho más seductora que abrir tu historia diciendo: «Una vez tuve un cliente que heredó 200.000 €?».

➤ Anticipación

Cuando leemos o escuchamos historias, al igual que cuando vemos películas, queremos intentar adivinar lo que sucederá después. No es solo la acción del momento lo que nos cautiva; es también la anticipación de lo que viene.

Imaginamos lo que sucederá cuando el héroe se encuentre con el villano, cuando el héroe y la heroína finalmente se besen, o cuando los policías se den cuenta de que el héroe acaba de robar un banco.

Crear esa anticipación en tu historia de éxito aumenta la participación de tus compradores. Haz que adivinen lo que está por suceder y seguirán leyendo o escuchando.

En lugar de decir: «Entonces nuestro equipo de consultores comenzó a trabajar con sus empleados», intenta «No tenían idea de qué esperar el primer día que nuestro equipo de consultores llegó a su almacén».

Observa cómo este ajuste tan pequeño hará que tus clientes potenciales se pregunten e imaginen ¿qué podría pasar después? Su participación en tu historia aumenta y la experiencia emocional de trabajar con tu empresa se vuelve aún más fuerte.

➤ Una posición superior

Mi técnica favorita de Hollywood para crear anticipación es darle al público una posición superior. Esto simplemente significa que el público sabe algo que los personajes de la película no saben.

Descubrimos quién es el asesino, o que el demonio está al acecho dentro de la casa, o que el esposo de la mujer infiel se dirige a su casa desde el trabajo, todo esto antes de que el héroe lo sepa.

En tu caso de estudio tal vez reveles en la configuración

que el héroe aún no se da cuenta de que está a punto de perder su trabajo. O en los pasos de acción y conflicto no es consciente de que su mayor competidor está a punto de lanzar un nuevo producto casi idéntico al suyo.

Tan pronto como nos cuentes el secreto, comenzamos a anticipar lo que sucederá cuando tu héroe sepa lo que nosotros ya sabemos.

➤ Sorpresa

Las películas de terror siempre contienen al menos un momento cuando el demonio salta inesperadamente y la audiencia deja escapar un grito.

Es lo mismo en las historias de éxito. Por mucho que tus lectores disfruten tratando de adivinar lo que sucederá después, a veces queremos ser golpeados por algo inesperado.

Quizás, justo cuando creemos que tu héroe está al borde de la victoria, dirás: «Y justo cuando sonrió satisfecho por el trabajo bien hecho, su sitio web se estrelló, y toda su campaña de marketing junto con él».

Tus compradores pierden el equilibrio y se preguntan qué acaba de suceder. Pero ciertamente no dejarán de leer o escuchar, ya que da un ejemplo más de cómo tu producto ayudó a tu cliente exitoso a superar un revés importante.

➤ Credibilidad

Una de las mayores preocupaciones en la comercialización de un producto o servicio es que los resultados sorprendentes que promete suenen ficticios: que tus prospectos piensen que solo estás inventando cosas para obtener una venta.

Aquí hay una gran técnica para combatir problemas de credibilidad para tus compradores potenciales: «expresa sus escepticismos antes de que tengan la oportunidad de pensarlos».

Durante la parte de incertidumbre del paso dos, al relatar cómo trataste de convencer al héroe de la historia para que probara tu producto o servicio, haz que tu héroe te diga: «Eso es increíble» o «Eso suena demasiado bueno para ser verdad» o «¿Realmente esperas que crea eso?».

Luego, tu (o quien le haya recomendado tu empresa a tu cliente) puede responder: «Pensé lo mismo cuando escuché por primera vez (ingresa tu nombre aquí). Entonces, investigué un poco por mi cuenta, y todas las personas con las que hablé reportaron los mismos resultados o incluso ¡mejores!».

No necesitas utilizar todas estas sutiles técnicas en un solo discurso o estudio de caso. Solo entrelaza los más apropiados para cualquier historia de éxito que estés contando y será aún más envolvente y persuasiva.

Aperturas

En los capítulos anteriores presenté los seis pasos simples en orden cronológico, que es la forma en que se cuentan la mayoría de las historias dentro o fuera de Hollywood.

Es por eso que lógicamente comencé con la configuración, porque revela la vida cotidiana de tu héroe antes de que comience el viaje que lo lleva a tu producto o servicio.

Pero hay tres aperturas alternativas que Hollywood emplea para seducir al público, aperturas que a veces también pueden fortalecer el impacto emocional de tus propias historias.

1. La apertura con la imagen posterior

Es posible que desees comenzar con el final de tu historia de éxito, pintando una imagen vívida de la vida cotidiana de tu héroe después de usar tu producto o servicio.

Con esta apertura posterior, nos encontramos con tu héroe que ya vive la vida que soñó, la misma vida que anhela tu comprador potencial. Tu héroe es sano, rico, tiene una relación amorosa, gana una competencia o cualquier otro estado de promesa de tu producto.

Este puede ser un método muy poderoso para seducir a tus compradores potenciales. Ellos pensarán: «¡Eso es lo que quiero!», «Daría cualquier cosa por vivir así». Luego siguen leyendo para descubrir cómo hacer realidad ese deseo.

Una vez que hayas revelado las consecuencias de tu héroe, inserta alguna versión de las siguientes palabras: «Pero para él no siempre fue así. Hace poco tiempo él era …» y luego vuelves a la configuración, antes de que tu héroe descubriera el camino al éxito que tu producto o tu entrenamiento proporcionan.

Una vez que tu héroe llegue al clímax, vuelve a las secuelas para recordar brevemente a tus lectores las recompensas que ganó tu héroe, recompensas que también pueden obtener si compran lo que sea que estás comercializando.

2. La apertura con obstáculo

Aquí se abre tu estudio de caso en la mitad de la historia, justo cuando tu héroe se enfrenta a un obstáculo, revés o amenaza importante. Esta podría ser la crisis que movió a tu héroe a la acción inicialmente, o podría ser un conflicto posterior para tu héroe.

Pero en lugar de resolver inmediatamente este conflicto y revelar cómo tu héroe superó un obstáculo tan grande, deja a tus lectores en suspenso. Vuelve a la configuración y comienza a contar la historia cronológicamente, tal como lo harías con una apertura posterior.

Las enormes aperturas de obstáculos emplean tres de las poderosas técnicas que revelé anteriormente en este capítulo: «curiosidad» (nos preguntamos cómo el héroe superará ese obstáculo), «posición superior» (conocemos el desastre que le espera al héroe, pero él no), y «anticipación» (estamos pensando en el gran conflicto que le espera al héroe).

Estas aperturas se pueden ver a diario en la televisión. Las series de crímenes y acción con frecuencia se abren con sus héroes en situaciones que amenazan su vida y tienen pocas probabilidades de sobrevivir. Cuando se enfrentan a una muerte segura, aparece en la pantalla un título con algo así como…

SEIS HORAS ANTES

…y luego la cámara se disuelve en una escena del pasado, cuando todo era agradable y tranquilo. Luego se descubre un cuerpo o se revela una crisis, y nos vamos a las carreras.

Debido al conflicto inmediato, este estilo de apertura crea un alto nivel de emoción y mantendrá a tus lectores avanzando o a tu público al borde de sus asientos.

3. La apertura del prólogo

También puedes considerar abrir tu estudio de caso con una escena del pasado, antes de pasar a la configuración y la vida cotidiana de tu héroe.

Digamos que tu discurso se abre así:

«Cuando tenía diez años y vivía en un complejo de viviendas en Baltimore, Janet vio en una revista la foto de la torre Eiffel. A partir de ese momento, tuvo la fantasía de viajar algún día a París, pero a medida que Janet crecía, y el tiempo pasaba, el dinero siempre era escaso, las facturas nunca parecían pagarse, y su sueño seguía siendo solo eso. Entonces, un día, cuando terminó de trabajar en las mesas de espera de doble turno, escuchó a un cliente decirle a otro sobre todo el dinero extra que había estado ganando en su tiempo libre …».

Tu discurso revelaría cómo Janet escuchó la historia de este extraño sobre el uso de tu sistema, y cómo luego ganó dinero usando el mismo sistema, hasta que finalmente pudo cumplir el deseo de toda su vida, el de ver la Torre Eiffel.

El primer párrafo, tu descripción de Janet, de diez años, es el prólogo de tu historia. La descripción de Janet adulta, que trabaja como camarera, es la configuración, como en cualquier historia de éxito.

Una apertura de prólogo te permite crear aún más empatía con tu héroe, y más conflicto con su historia, a medida que nos identificamos con el dolor que sintió en el pasado, o su posterior desánimo y derrota a medida que sus esperanzas y sueños se hicieron añicos.

Este es un enfoque excelente si deseas explorar el viaje interior de tu héroe. El prólogo revela una experiencia hiriente en el pasado que condujo al miedo emocional de tu héroe, uno que este tendrá que enfrentar y superar para lograr su objetivo.

En la historia anterior de Janet, podrías revelar cómo era reacia a contratarte a ti o a tu empresa porque se había decepcionado muchas veces. Tuvo miedo de perseguir sus sueños porque la idea de otro fracaso era simplemente demasiado dolorosa.

Dado que este es un conflicto interno muy común para compradores potenciales, el viaje interno de Janet resonará con tus audiencias y te permitirá mostrar cómo tu enfoque puede ayudarlos a superar sus propios miedos y alcanzar su propio éxito.

Juega con estos tres estilos de apertura para ver si alguno es apropiado para cualquier historia de éxito que estés contando. El objetivo de cada apertura es siempre el mismo: seducir a tu público con una escena emocionalmente envolvente para capturar su atención y emoción y obligarlos a seguir escuchando.

Ilustraciones

Las películas nos cautivan con sus imágenes. Nos resulta fácil creer que los eventos nos están sucediendo porque están frente a nuestros ojos.

Los guionistas y los escritores de ficción (a menos que sean novelistas gráficos o autores de libros infantiles) no pueden usar imágenes para involucrar a sus lectores. Las ilustraciones no son permitidas. Estos escritores deben crear historias cautivadoras utilizando solo palabras.

Pero si eres un orador, un bloguero o un vendedor, no tienes esa misma restricción. Las historias de éxito en discursos, publicaciones, correos electrónicos y argumentos de venta pueden incluir fotografías e ilustraciones.

Con el permiso de los sujetos de tus historias de éxito, puedes mostrar instantáneas o diapositivas de tus héroes, sus familias y su entorno. El público y los lectores verán realmente el hogar donde vivía tu héroe en la pobreza, o el cubículo de la oficina donde estaba esclavizado, o la montaña donde solía esquiar antes de sufrir el revés físico que tu producto tratará.

Quizás lo mejor de todo es que puedes mostrar imágenes o videos de las secuelas de tu héroe: la vista panorámica que mira al océano desde el nuevo hogar de su familia, o el automóvil de lujo que ahora conduce, o la tierra distante a la que viajó, o el trofeo que ganó después de usar tu método de entrenamiento.

O podemos ver por nosotros mismos las nuevas y modernas instalaciones donde reside ahora la compañía que asesoraste, o los alegres empleados que cosechan los beneficios de su nuevo éxito. Esta es solo una forma más de hacer que el éxito que prometes cobre vida para tu cliente potencial.

CAPÍTULO 10

Historias autobiográficas

Una parte importante de hacer una presentación es crear una relación de comunicación y confianza con tu público y clientes potenciales. Es mucho más probable que sigan el consejo de (y paguen dinero a) alguien que conozcan y con quien se identifiquen, que el de un extraño que simplemente hace un gran discurso de venta.

Es por eso por lo que siempre quieres tener, al menos, una historia de éxito en tu arsenal donde tú eres el héroe.

Para la mayoría de los oradores, vendedores y líderes de negocios con los que trabajo, contar historias autobiográficas es una perspectiva aterradora.

«¿Quién querría oír hablar de mí?» se preguntan. «No soy una celebridad. Nunca he sufrido y nunca he hecho nada especial. ¡Sólo va a ser aburrido!».

Su error radica en no reconocer que la mayoría de las películas de éxito (salvo algunas de las grandes películas de superhéroes) tratan de héroes cotidianos, que empiezan como personas poco importantes y destacadas hasta que se ven obligadas a enfrentarse a alguna crisis.

Piensa en las recientes historias nominadas al Óscar: En primera plana (Spotlight), El puente de los espías

(Bridge of Spies), La gran apuesta (The Big Short), La habitación (Room), La La Land, Manchester junto al mar (Manchester By the Sea), y Figuras ocultas (Hidden Figures). Los héroes de estas películas ya sean reales o ficticios, eran todos personas bastante comunes, que vivían vidas mundanas antes de enfrentarse a las oportunidades o crisis que motivaban sus viajes.

No apoyamos a estos personajes porque sean únicos o poderosos, o porque tienen que salvar al mundo, sino porque nos identificamos con ellos y nos involucramos emocionalmente en el éxito de cualquier meta que persigan.

De la misma manera, tu audiencia y lectores no conectan contigo porque seas un superhéroe. «Se identifican contigo porque has vivido los mismos sufrimientos y anhelas el mismo éxito y felicidad que ellos».

Una preocupación aún mayor sobre las historias autobiográficas –particularmente entre los oradores y presentadores– es que ser uno mismo el héroe de una historia de éxito puede parecerególatra. «No puedo hablar de mí mismo», dicen, «parecerá que estoy presumiendo, alardeando, o tal vez piensen que me creo superior».

Esta preocupación está bien fundada. Todos nos hemos sentado a escuchar discursos de personas con problemas de «Yo»: «Yo hice esto, y luego yo hice aquello, y ahora yo soy rico y yo soy feliz y tú deberías hacer lo que yo hice».

Este es un enfoque que debes evitar.

En cambio, cuando cuentes tu propia historia de éxito, empieza compartiendo el sufrimiento que padecías antes de comenzar tu viaje, tal como lo harías con la configuración de cualquier héroe. Revela tus miedos, tus defectos y tus fracasos, no sólo para crear empatía, sino para transmitir a tus lectores que no te ves a ti mismo como alguien especial o dotado.

A medida que persigues tu objetivo en la historia, revela las dificultades que tuviste, los contratiempos que experimentaste y los momentos en que quisiste rendirte.

Entonces, y esto es lo más importante, da el mérito de tu éxito a los demás. Habla de los mentores que te guiaron, o de los seres queridos que te apoyaron, o de las palabras de sabiduría e inspiración que te hicieron seguir adelante. Y por supuesto, describe las cualidades del producto o proceso que estás promoviendo, y que te permitieron superar los obstáculos que te has encontrado.

Pero ¿qué pasa si no tienes mentores? o ¿qué hay de las veces que se te ocurrieron ideas por tu cuenta o superaste tus propios obstáculos?

Aquí es cuando tienes que describir cómo se te ocurrieron estas ideas y métodos brillantes, los que distinguen tu producto de todos los demás. Así que, en lugar de decir «¡Qué brillante soy!», estás exponiendo el trabajo que precedió a tu inspiración o valor.

Muestra cómo tu descubrimiento o perspicacia llegó

en un momento de derrota o desesperación: «Estaba listo para tirar la toalla y volver a mi viejo y miserable trabajo. Pero entonces pensé, "¿Qué tal si lo intento una vez más y hago esto (tu nueva idea)?". Así que, lo intenté y ¡funcionó!».

Contar tu historia de esta manera aumenta nuestra empatía (debido a tu sufrimiento), aumenta las apuestas (estabas a punto de rendirte), nos deja en suspenso (anticipando lo que pasaría después) y hace que parezca como si tu brillantez fuera un regalo de los dioses (en lugar de porque eres especial y único).

Hay una cualidad, sin embargo, de la que sí puedes presumir: el trabajo duro.

Habla de cómo después de años de estudiar docenas de técnicas para el éxito, o después de décadas de una educación o entrenamiento costosos o de experiencia profesional, fuiste capaz de crear tu producto o servicio. Cuando tu mercado objetivo escucha esto, no están pensando «¡Guau, qué genial es esta persona!». Realmente ellos piensan: «Si la contrato o le compro, me ahorraré tener que hacer todo ese trabajo duro yo mismo». Y estarán ansiosos por enviarte dinero.

Recuerda, en una historia de éxito bien contada, el público empatiza con el héroe y hace el viaje junto con ese personaje. Participan en su éxito mientras lo experimentan con él.

Así sucederá con tu historia de éxito autobiográfica.

No te estás diferenciando de tu público al hacerte superior. Te estás uniendo a ellos para lograr el éxito «juntos».

Un último punto que nos lleva al principio: contar una historia sobre el éxito que tuviste ayudando a alguien, convierte en héroe al «cliente» y no a ti mismo.

Desde luego, hiciste un trabajo maravilloso al cambiar la vida de alguien y, por supuesto, quieres asegurarte de que tus lectores entiendan ese hecho y estén tan impresionados que, inmediatamente, quieran contratarte. Pero es más probable que lo hagan si creas empatía con tu cliente de éxito (que estaba en una situación similar a la tuya), en lugar de centrar la atención en ti mismo (con quien tu público puede tener poco en común).

En otras palabras, al ilustrar tu propia experiencia, cíñete a las historias de éxito como he indicado en todos los capítulos anteriores y utiliza las historias autobiográficas con moderación y de manera apropiada.

A medida que cuentes más y más historias en tus discursos y correos electrónicos, lo más probable es que desarrolles varias historias autobiográficas que relaten diferentes momentos de tu vida y carrera en los que aprendiste los principios, métodos y valores que te llevaron a tu producto o servicio. Eso está muy bien. Cuanto mayor sea el número de historias persuasivas entre las que tengas que elegir, mayor será tu éxito.

CAPÍTULO 11

Más allá del Storytelling

Las herramientas y los principios para crear historias de éxito poderosas se pueden aplicar a otras historias, situaciones y contextos, siempre con el objetivo de provocar una mayor emoción y atraer a compradores o clientes potenciales a comprar tus productos o servicios, o emplear tus métodos y principios.

Historias de mentores

Las historias de éxito sobre personas que te han guiado o inspirado probablemente no estén involucradas directamente con lo que vendas. Estas no son personas que han usado tu producto o te han contratado como consultor; si lo hubieran hecho, crearías el tipo de historia de éxito que hemos estado discutiendo desde el capítulo uno.

Los héroes de estas historias son mentores que te

guiaron o personas desconocidas para ti en la vida real, pero cuyas palabras o hechos aprendiste a través de libros, películas o discursos.

Con una historia de tu mentor, los éxitos logrados o la sabiduría impartida, transmite la «filosofía detrás de tu producto», proceso o llamado a la acción. Estos héroes podrían haber descubierto un hecho o un principio que te llevó a desarrollar tu producto, o que formó una piedra angular de tu negocio o tu sistema. O tal vez simplemente exhibieron actitudes o comportamientos que reprodujiste en tu propia vida y hacerlo fue un componente crítico de tu éxito.

Independientemente de cómo ellos han tenido un impacto en ti, las historias de éxito en seis pasos sobre ellos tocarán a tus lectores y audiencias de la misma manera.

A veces las denomino «Historias del Sabio Líder», porque se centran en héroes cuyas palabras o acciones nos ofrecen modelos de cómo podríamos vivir nuestras vidas, o al menos cómo podríamos ver nuestros sentimientos y acciones de una forma nueva y empoderadora.

Los héroes «sabios líderes» son omnipresentes en los libros y discursos y en las peticiones de donaciones. La franquicia Sopa de pollo para el alma (Chicken Soup for the Soul) se basa en este tipo de historia, al igual que la mayoría de los sermones y teletones. Estas historias pueden educar, inspirar y motivar a lectores, audiencias, empleados o congregaciones a tomar medidas.

Las cautivadoras historias de los mentores también pueden ser una aportación importante a una campaña de marketing o presentación de ventas, ya sea revelando la declaración de la misión y los principios éticos de una organización, o transmitiendo la psicología o filosofía detrás de un servicio o proceso.

Historias de fracaso

No todas las historias persuasivas deben ser historias de éxito. También puedes hacer que otros actúen al revelar el costo de la inacción o el costo de elegir la solución incorrecta a sus problemas.

Este puede ser un gran dispositivo en las historias autobiográficas. Revela un momento en tu vida o tu negocio en el que deseabas desesperadamente alcanzar tu objetivo y estabas seguro de haber encontrado el camino hacia la victoria. Luego muestra cómo los productos o los métodos que elegiste no lograron el éxito que deseabas.

Las secuelas de esta historia de fracaso bien contada retratarán el final de tu viaje, donde una vez más quedaste atrapado tal como estabas en la configuración (o tal vez peor). Esta triste imagen posterior revelará la lección que aprendiste a través del fracaso, una lección que te llevó a la solución correcta de tu problema, el producto o sistema que ahora estás recomendando.

Las historias de fracasos también se pueden incorporar en una historia de éxito regular. Antes de revelar cómo tu cliente logró su objetivo usando tu producto, cuenta una historia sobre cómo fracasó cuando usó el producto de tu competidor. Los pasos que dio en su historia de fracaso deberían ser opuestos a los que da cuando comienza a seguir tu enfoque.

No solo brindará a tus compradores potenciales la experiencia emocional del éxito con tu producto, sino que también les permitirás experimentar el fracaso que se producirá si toman otra decisión. Tu mensaje ahora es poderoso por partida doble.

Una variación de esto es el enfoque del hombre rico/pobre. Expón dos historias entrelazadas de alguien que repetidamente tiene éxito usando tu sistema y otro que falla repetidamente al negarse a hacer las cosas «correctamente». Cada paso que tomen estos dos héroes empujará a los lectores hacia su enfoque y lejos de las alternativas.

La leyenda del marketing en Internet, André Chaperon, utiliza este principio brillantemente con sus vendedores ficticios de Internet Frank y Matt (http://frankvsmatt. com/). Utiliza a Frank para ilustrar todos los errores comunes que cometen los empresarios al buscar ganancias, mientras que Matt toma todas las decisiones correctas que conducen al éxito y la riqueza.

Al comparar repetidamente las historias de fracaso de Frank con las historias de éxito de Matt, a los lectores de André se les enseñan los principios de su enfoque comprobado. Y por supuesto, como quieren ser como Matt exitoso y no como Frank, se sienten atraídos por los productos de André al mismo tiempo.

Secuencias de telenovelas

Una contribución aún mayor que André ha hecho al mundo del marketing en Internet es con el concepto de secuencias de telenovelas. Este es el método responsable de sus mayores éxitos, y una de las cosas que lo distingue de la mayoría de los gurús en el mundo del marketing en Internet. Dado que André es el maestro de esta forma de narración y marketing, ni siquiera intentaré profundizar en los elementos clave de las secuencias de telenovelas, particularmente cuando puedes aprender sobre el éxito del proceso a través de su propio sitio web: https://tinylittlebusinesses.com/

Pero los principios subyacentes de la historia involucrados son completamente consistentes con lo que has aprendido sobre las historias de éxito y los seis pasos simples: «provoca emoción en tus lectores al representar personajes empáticos que enfrentan conflictos convincentes mientras persiguen objetivos claramente definidos».

El sistema SOS de André agrega hábilmente el poder de anticipación y curiosidad a esta fórmula. En lugar de un solo correo electrónico de marketing, crea una serie de correos electrónicos (como episodios de una telenovela) que contienen algún tipo de suspense, pregunta o situación no resuelta al final de cada uno. Esto atrae a los compradores potenciales a seguir leyendo y mantiene su participación emocional en cada capítulo sucesivo.

Los productos de André se presentan gradualmente a medida que continúa su serie de historias. Para cuando sus suscriptores encuentran las ofertas reales, están totalmente comprometidos y ansiosos por comprar.

Si miras series de televisión (y yo veo muchas), notarás que cada corte comercial sigue a algo horrible (suspense), o la comprensión de que algo horrible está por suceder, o alguna nueva revelación que le dice a la audiencia: «Espera un minuto, esto aún no ha terminado. ¡No te vayas ahora o te perderás lo que viene después!».

El temor número uno (o uno de los mayores temores o preocupaciones) de los escritores y productores de series de televisión es que los espectadores cambien a otro programa durante un comercial o anuncio. Su objetivo siempre es hacer que la audiencia esté ansiosa por volver al episodio.

Dado que la emoción surge del conflicto, eso significa dejar al público colgado en momentos de crisis, o con objetivos nuevos e incluso más que imposibles.

Es lo mismo con una serie de correos electrónicos de secuencia de telenovela. El héroe de la historia se enfrenta a un desafío, y en el correo electrónico que sigue, los lectores descubrirán cómo superó ese obstáculo, qué sucedió después y qué crisis tendrá que superar en el próximo correo electrónico. O quizás el autor de la serie de correo electrónico simplemente dice: «Entonces descubrí un poderoso secreto. Y lo contaré todo en el próximo correo electrónico...».

De cualquier manera, mantiene a los lectores regresando por más y los acerca a hacer clic en el botón «comprar ahora».

Puedes emplear este mismo principio si eres un orador. Comienza tu discurso con una historia, pero interrumpe la historia en un punto crítico para tu héroe. Luego pasa al contenido principal de tu discurso: los temas, principios, métodos o datos que estás presentando a tu audiencia. Regresa a tu historia repetidamente a lo largo de tu discurso, o simplemente concluye la historia al final. Cualquiera de los enfoques para dividir tu historia aumentará la participación de tu público mientras esperan escuchar el resultado de tu héroe.

Testimonios

Una de las formas más poderosas de atraer clientes

potenciales es con testimonios. Hacer que otros digan lo bueno que eres (o tu producto) a menudo marcará la diferencia entre una venta y un prospecto perdido. Dado que ambos implican convencer al mercado de la efectividad de tu producto, piensa en los testimonios como historias de éxito en miniatura.

En otras palabras, aplica los principios de la historia de éxito a los testimonios que solicites. Busca maneras de desarrollar el carácter, el deseo y el conflicto en los elogios que otros dan por tu producto o servicio.

Considera este testimonio:

«¡Mitchell es un entrenador increíble! Él hace que tu camines tu propio camino y comuniques tu propio mensaje. Con su ayuda pude fortalecer nuestra marca y hacer más de lo que amo sin aumentar mi carga de trabajo o aumentar mis gastos generales. Sus sesiones individuales se centraron exactamente en lo que debería prometerle a mis clientes. Incluso mi personal dijo que fui mucho más positivo y cuán inspirados estaban por mi entusiasmo. Nuestra lista de ingresos y clientes aumentó drásticamente en solo unos meses. ¡No te arrepentirás de haber contratado a Mitchell! Lo recomiendo mucho».

Claramente a este cliente le encanta trabajar con Mitchell, está contento con el resultado y lo recomienda enérgicamente a los demás. Esto sin duda mueve a las personas más cerca de contratarlo.

El problema es que no es muy específico o emocional. Este antiguo cliente tenía muchos sentimientos positivos trabajando con Mitchell, pero su testimonio no nos permite experimentar esos sentimientos en nosotros. No sentimos ninguna empatía particular con el cliente, ni tenemos una idea clara de cómo fue el proceso de trabajar con Mitchell, porque carece de detalles específicos.

El testimonio revela un resultado: mayores ingresos. Pero sin definir ese resultado más específicamente, y sin una consecuencia vívida y seductora que tenga un atractivo más universal, el poder persuasivo de este testimonio es limitado.

Entonces, veamos cómo podríamos usar los principios de la historia de éxito de seis pasos para convertir esto en un testimonio que conduzca a mejores resultados:

«¡El proceso único de Mitchell es increíble! Durante más de un año, había trabajado horas interminables tratando de desarrollar mi negocio, evaluando y capacitando a ejecutivos de mandos medios. Pero mi lista de clientes era plana, y todavía estaba luchando para llegar a fin de mes. Estaba empezando a pensar que la vida que había soñado simplemente no era para mí. Luego escuché a Mitchell en un podcast, y su enfoque para lograr el éxito sonó tan simple y lógico que

decidí arriesgarme. Mientras me guiaba a través de su estilo único de preguntas, ejercicios y apoyo, me obligó a ver cómo no estaba aprovechando mis mayores fortalezas y cómo los pasos que había dado antes de asegurar mi éxito (con él) en realidad se convirtieron en mis propios obstáculos. Después de solo dos sesiones de estrategia con Mitchell, pude firmar un contrato con mi mejor cliente (y que más paga), y transcurridos seis meses empecé a trabajar muchas menos horas de las que solía, mis ingresos por consultoría se han duplicado ¡y en realidad me estoy divirtiendo!».

Observa también cómo el testimonio toca los mismos pasos que cualquier historia de éxito bien contada: 1) Luché para llegar a fin de mes, 2) Escuché un podcast y contraté a Mitchell para aumentar mis ingresos, 3) Obtuve entrenamiento, 4) Tuve que superar errores pasados, 5) Firmé un contrato con mi mejor cliente y 6) Dupliqué mis ingresos y tengo más diversión.

Y debido a los detalles específicos que no estaban en la primera versión, sentimos más empatía por el orador, tenemos una idea más clara del enfoque y los resultados de Mitchell, y podemos imaginar y experimentar las recompensas a largo plazo que el cliente de Mitchell ha logrado.

Los principios de la historia de éxito pueden incluso

aplicarse a testimonios mucho más cortos.

«El mejor producto que el dinero puede comprar» es una recomendación sólida, especialmente si proviene de alguien reconocido, y no contiene ningún elemento de la historia. Pero cuando un breve testimonio al menos describe algún elemento específico del problema superado, el objetivo alcanzado o las consecuencias, será aún más fuerte.

Will Smith me brindó generosamente un testimonio cuando se lanzó la última edición de mi libro Escribir guiones que vendan (Writing Screenplays That Sell). Su cita (que he incluido descaradamente en casi todas las campañas de marketing que he hecho desde entonces) simplemente dice:

«Nadie es mejor que Michael Hauge para encontrar lo que es más auténtico en cada momento de una historia».
-Will Smith, estrella de las películas Soy leyenda, Ali, En busca de la felicidad, Hitch: especialista en seducción, Escuadrón suicida, Bright y muchos más.

La fuerza de este testimonio, más allá de tener el nombre de Will adjunto, es que transmite una meta que pude ayudarle a conseguir: crear una historia que sea completamente auténtica.

La especificidad de la cita da la sensación de que

este cliente realmente tuvo esta experiencia trabajando conmigo, y que cualquiera que lea el testimonio tendrá esa experiencia si también me contrata.

La historia en una sola frase

Incluso cuando tengas solo un minuto, o una sola frase, para presentar tu empresa, tu producto o tu servicio, puedes comenzar a seducir a los clientes potenciales incorporando principios de historias de éxito.

A menudo me invitan a hablar sobre los principios de la historia en las reuniones corporativas durante el desayuno, comidas semanales o mensuales donde un grupo de ejecutivos de negocios se reúnen para establecer contactos y ayudarse mutuamente a promocionarse.

Estos eventos casi siempre comienzan de la misma manera: yendo en el sentido de las agujas del reloj alrededor de la mesa de conferencias cuando los participantes se presentan.

Estas auto–descripciones siempre siguen el mismo patrón: Nombre, Título, Compañía y Marca:

«Mi nombre es Bill y soy el Director de Operaciones de Acme Insurance. Nos especializamos en planes consolidados para empresas de servicios de siete cifras».

A veces solicito estas presentaciones tediosas y casi sin sentido y les pido a los miembros de la reunión que hagan algo un poco diferente. «Cuando se presenten, les digo, "en lugar de darnos tu título o decirnos qué hace tu empresa, cuéntanos, en una sola oración, algo específico que hayas hecho para un cliente y cómo se benefició de ello"».

Después de algunas quejas, escepticismo y ocasionalmente miradas desagradables, lo intentan:

«Mi nombre es Charles y mi agencia recientemente le ahorró a una planta de embotellado $400.000 al ayudarlos a consolidar sus planes de seguro ejecutivo en un nuevo paquete de la compañía».

«Hola, soy Nancy Lynn, soy quiropráctica y ayudé a una nueva paciente a deshacerse de su dolor de espalda después de tres visitas al consultorio».

«Buenos días, soy Jimmie y estoy en Sonora Consultants. El año pasado asesoramos a una compañía de papas fritas con su expansión en la costa oeste en seis nuevos estados».

Un ejecutivo en una de estas reuniones admitió una vez que, aunque había estado asistiendo durante más de un año, esta era la primera vez que realmente entendía lo que hacían los otros miembros.

¿Por qué importa esto? Bueno, más allá de crear una camaradería mucho mayor dentro de un grupo, estos desayunos están diseñados como un medio para conectarse con nuevos prospectos a través de referencias.

Pero ¿qué tan buena recomendación puede hacer un asistente a otro si solo tiene una vaga idea de lo que hace la compañía de esa persona o cuáles podrían ser los beneficios?

Incluso estas mini–historias son mucho más emotivas y mucho más poderosas para elevar el éxito que las recitaciones planas de nombre, título y descripción del trabajo.

(Y, por cierto, ¿notaste que esta historia sobre las reuniones corporativas de desayuno también es un ejemplo no muy sutil de una historia de éxito autobiográfica conmigo mismo como héroe? ¿Pudiste detectar la configuración, crisis, persecución, conflicto, clímax y las secuelas? Están todos allí).

CAPÍTULO 12

Emprende el viaje de tu propio héroe

Una de mis líneas favoritas en una de mis películas favoritas: *Postales desde el filo* (en España), *Recuerdos de Hollywood* (en Hispanoamérica) (Título original: *Postcards from the Edge*) adaptada por Carrie Fisher de su novela homónima y autobiográfica, mis líneas favoritas ocurren cuando la heroína Suzanne (interpretada por Meryl Streep) proclama «No quiero que la vida imite el arte; quiero que la vida sea arte».

Lo creas o no, cuando creas una historia, incluso una historia de marketing, estás creando arte. Estás imitando la vida real, en forma oral o escrita, para moverte, iluminar e inspirar a tus lectores y audiencias. Te estás conectando con los demás de una manera que los ayudará a resolver sus problemas y lograr mayores sentimientos de crecimiento, felicidad y satisfacción.

En otras palabras, sus vidas imitarán, o al menos aprenderán, del arte que has creado.

Pero a medida que hayas leído este libro y hayas aprendido este proceso y creado tus historias de éxito, también puedes haber descubierto algo más: «que una historia bien contada tiene el poder de cambiar vidas, incluida la vida del narrador».

Cuando te encontraste por primera vez con este libro o este proceso, estabas en la configuración de este viaje. Estabas atascado de alguna manera, impedido de avanzar hacia un mayor éxito porque carecías de una de las herramientas que necesitabas.

Luego sucedió algo que te obligó a tomar este nuevo camino: una crisis financiera o el constatar que el statu quo de tu negocio simplemente ya no era aceptable, o sencillamente la recomendación de un amigo de que aprender a contar historias efectivas podría mejorar tus habilidades de marketing y aumentar tus ingresos.

Entonces, comenzaste a hacer preguntas. ¿Qué tengo que hacer? ¿Cuál va a ser la diferencia? ¿Dónde puedo encontrar la solución?

Aprender sobre este libro generó más preguntas:

¿Quién es este tipo, Michael Hauge? ¿Qué me está pidiendo que haga? ¿Funcionará? ¿Vale la pena invertir mi tiempo en eso? ¿Mi dinero? ¿Puedo hacer eso?

Quizás adquiriste este libro y lo hojeaste, haciéndote más preguntas para ayudarte a decidir si querías probar este nuevo método.

Como probablemente ya sepas, esta es la etapa en la que la mayoría de las personas se rinden y pasan al siguiente experto, al próximo método o al siguiente producto que esperan que cambie sus vidas.

Si dudas de lo que te estoy diciendo ahora solo echa un vistazo a todos los programas no utilizados y los libros de negocios o de autoayuda inacabados en casi cualquier estantería de ejecutivos, oradores o comerciantes, incluida la tuya.

Pero si has llegado hasta este capítulo, significa que realmente diste el salto, definiste tu objetivo y comenzaste a incorporar historias de éxito en tu marketing y discurso.

Avanzaste encontrando la tenacidad y el coraje para mantenerlos a pesar de los obstáculos y contratiempos que encontraste.

Y cuando comiences a disfrutar de todas las recompensas de lo que estás haciendo, párate a recordar cuán difícil y aterrador fue este viaje al principio.

Quizás comenzaste a pensar: «No soy un narrador de historias, simplemente no estoy construido de esa manera. Sé que esto será imposible».

Incluso si esos no fueran tus pensamientos, sé que cuando comenzaste a crear tus historias de éxito, te encontraste con momentos de duda, desánimo, frustración y miedo.

Entonces, ¿qué fue lo que te asustó de perseguir y lograr el éxito que querías?, ¿qué resististe, qué te hizo sentir incómodo?, ¿qué pasos te dijiste a ti mismo que posiblemente no podrías hacer, porque, «Ese no soy yo»?

¿En la escuela te dijeron que no eras bueno escribiendo y ahora no querías someter tu narración a ese mismo tipo de juicio y crítica?

¿Te dijiste a ti mismo, «Nunca he sido un gran narrador»?

¿Siempre te enseñaron que no es bueno presumir, así que pensaste que contar tu propia historia de éxito sería una jactancia desvergonzada?

¿O eres un tipo de persona de «hechos y cifras» que vio todo esto como demasiado emocional y sensible, o demasiado esotérico para ejecutivos de alto nivel?

Cualquiera que sea tu resistencia, cualquier identidad que hayas tenido que dejar atrás, finalmente encontraste la fuerza y el apoyo para enfrentar esos conflictos internos y seguir avanzando.

En otras palabras, dejaste de preguntarte: «¿Cómo puedo no tener miedo?» y en su lugar hiciste la pregunta mucho más poderosa, «¿Estoy dispuesto a tener miedo?»

Este, al igual que cualquier otro principio que hayas aprendido o la técnica que hayas utilizado, es la razón por la que finalmente pudiste presentar tus historias de éxito a tu público, lectores y compradores potenciales.

Nunca olvides esto. Porque a partir de ahora, cuanto más visualices e interiorices los momentos de perseverancia, poder, éxito y satisfacción, que experimentaste durante este proceso, más fuerte y valiente serás cuando comiences tu próxima búsqueda, y la siguiente y la siguiente.

Y de esa manera, continuarás siendo el héroe de tu propio viaje.

¿Y AHORA?

Espero que hayas encontrado útil este libro y que ya estés usando historias más poderosas y exitosas en tus presentaciones y en tu marketing. Pero por favor no te detengas ahora.

Mejora tus habilidades para contar historias a través de artículos, blogs y libros y practica, practica, practica.

Sigue agregando a tu arsenal más historias de éxito, tanto estudios de casos como historias autobiográficas.

Sigue aplicando estos principios de la historia a tus testimonios, tus sitios web y tus páginas de redes sociales, junto a tus discursos, correos electrónicos, llamadas de ventas y blogs.

Y una solicitud: por favor envíame un correo electrónico a:

contacto@topstorytelling.com

para contarme los desafíos de narración que sientes o encuentras, lo que encontraste útil en este libro y cómo podría servirte de ayuda. Leeré cada correo electrónico personalmente porque me encantaría saber sobre ti y algún día trabajar contigo o tu empresa para ayudarte a conectar con tus audiencias y clientes de manera más poderosa y efectiva.

Gracias por hacer este viaje conmigo.

¡Quédate en tu esencia!

APÉNDICE I

Resumen de los seis pasos

Preparación: Encuentra a tu héroe

Investiga a aquellos que han tenido éxito utilizando los principios que estás presentando, el producto que estás comercializando o el servicio que estás promoviendo hasta que puedas seleccionar el caso de estudio apropiado y el héroe para tu historia.

•Busca en tu propio pasado, historias o testimonios que hayas leído o escuchado.

• Mira a clientes exitosos.

• Investiga y entrevista a varios posibles personajes/ héroes para tu historia.

• Incluye sus cónyuges y seres queridos.

• Usa cuestionarios si las entrevistas presenciales o telefónicas no son posibles.

Paso uno: La configuración

Muestra la vida cotidiana que vivía tu héroe antes de enterarse o comenzar a usar tu producto o servicio. Esta imagen anterior creará empatía por tu héroe, por lo que tus lectores y audiencias experimentarán su éxito a nivel emocional.

- Brinda una instantánea de la vida cotidiana de tu héroe.

- Crea empatía.
  - · Simpatía: Desgracia inmerecida.
  - · Preocupación: Peligro físico o financiero.
  - · Carisma: Generosidad.
  - · Admiración: Habilidad, experiencia, logro.

- Muestra cómo tu héroe está estancado o tolerando una situación negativa.

Paso dos: La crisis

Revela el evento único que obligó a tu héroe a comenzar a tomar medidas para resolver su problema. Identifica su objetivo específico, deliberación y fracasos antes de elegir el enfoque que estás promocionando.

- Revela el punto de inflexión para tu héroe.

- Identifica el objetivo específico o la línea de meta.

- Describe las preguntas, miedos, dudas y comienzos fallidos de tu héroe.

- Explica cómo el héroe escuchó sobre tu producto o proceso.

- Dinos por qué eligió tu enfoque.

Paso tres: Persecución

Presenta los pasos reales que tu héroe tomó para lograr el objetivo.

- Describe el momento en que el héroe comenzó a usar tu proceso.

- Llévanos a utilizar algunas de las acciones y tareas específicas.

Paso cuatro: Conflicto

Describe los obstáculos externos e internos que enfrentó el héroe en este viaje.

- Revela los problemas y los contratiempos.

- Describe los comentarios negativos de las personas que lo rodeaban y los miedos internos del héroe.

- Muestra cómo tus principios o procesos ayudaron al héroe a superar los obstáculos y continuar avanzando hacia el éxito.

- Usa los miedos y la resistencia de tu héroe para replicar los miedos, dudas y sospechas de tus clientes potenciales.

Paso cinco: El clímax

Permite que tu audiencia experimente el éxito de tu héroe. Este es el clímax de tu historia, el que tus lectores y audiencias han estado apoyando.

- Muestra a tu héroe cruzando la línea de meta.

- Deja que tu héroe celebre el momento de la victoria.

Paso seis: Las secuelas

Pinta una imagen de la nueva vida que está viviendo tu héroe como resultado del logro de la meta. Proporciona una descripción vívida de las recompensas que tus clientes potenciales pueden experimentar, si solo siguen los pasos de tu héroe.

- Refleja la configuración con un retrato de la nueva vida cotidiana del héroe.

- Incluye a las personas cercanas al héroe que comparten las recompensas de la victoria.

- Asegúrate de que estas nuevas circunstancias coincidan con el tipo de vida que tu actual cliente o cliente potencial anhela.

<u>ANHANG II</u>
Preguntas de la entrevista del caso de estudio

La preparación

- ¿Cómo era tu vida antes de encontrarte por primera vez con el problema que enfrentabas o antes de que decidieras tomar medidas?

- ¿Puedes describir un día típico durante ese período?

- ¿Cómo afectó esa situación a tu familia y a los que te rodean?

La crisis

- ¿Cuándo exactamente decidiste tomar medidas para abordar tu desafío?

- ¿Qué sucedió, qué te movió a tomar medidas en ese momento?

- ¿Cuál fue tu objetivo específico al tratar de resolver tu problema?

- ¿Hubo algún evento o habilidad que demostrara que superaste tu problema y lograste ese objetivo?

- ¿Qué hiciste, si es que hiciste algo, para resolver tu problema antes de trabajar con nosotros, usar nuestro producto o participar en nuestro programa?

- ¿Por qué no funcionaron esas soluciones anteriores?

- ¿Cómo te enteraste de nosotros o de nuestro enfoque?

- ¿Qué fue lo que finalmente te hizo decidir probar nuestro producto o proceso?

La persecución

- ¿Cómo te sentiste el día que diste ese primer paso y comenzaste nuestro programa?, ¿estabas emocionado?, ¿escéptico?, ¿reacio?, ¿tenías miedo?

- ¿Qué te sorprendió de este proceso?, ¿fue algo diferente de lo que esperabas?

- ¿Qué elementos del programa te resultaron más efectivos o beneficiosos?

- ¿Te apoyaron otros en este viaje?, ¿cómo?

- ¿El cambio que experimentaste fue gradual o todo se unió rápidamente o fue al final del proceso?

El conflicto

- ¿Cuáles fueron las cosas más difíciles de comenzar y apegarse a este nuevo régimen?

- ¿Alguien trató de disuadirte de continuar o involuntariamente hizo que el proceso fuera más difícil?

- ¿Alguna vez te sentiste derrotado o deprimido?, ¿intentaste engañarte a ti mismo en tu compromiso?, ¿quisiste renunciar?, ¿abandonarlo por completo antes de comenzar de nuevo?

- ¿Cómo superaste esos tiempos difíciles?, ¿cómo pudiste superar los obstáculos y contratiempos y seguir persiguiendo tu objetivo?

El clímax

- ¿Cómo supiste finalmente que habías tenido éxito, que habías logrado lo que te propusiste hacer?

- ¿Cómo fue ese momento exacto para ti?, ¿para tus seres queridos?

Las secuelas

- ¿Cómo es tu vida ahora, en comparación con lo que era antes de comenzar nuestro programa?

- ¿Cómo ha afectado este cambio a quienes te rodean: familiares, amigos o compañeros de trabajo?

- ¿Qué le sugerirías a alguien que tiene el mismo problema que enfrentaste?

- Was würdest du anderen vorschlagen, die das gleiche Problem wie du damals haben?

APÉNDICE III

Preguntas de la entrevista del cliente corporativo

La preparación

- En el momento en que comenzaste a trabajar con nosotros, ¿cuál era tu posición en la empresa y cuáles eran tus responsabilidades?

- ¿Cuál era la situación financiera de tu empresa antes de que comenzaras a tomar alguna medida?

- ¿Eras consciente de los desafíos a los que se enfrentaba la empresa o parecía que las cosas iban bien?

La crisis

- ¿Tú o tu empresa sufrieron alguna crisis específica o un revés financiero que les obligó a tomar medidas?

- ¿Qué efecto tuvo en tu negocio y en tu vida personal esta crisis o revés?

- ¿Cómo afectó la crisis que enfrentaste a tus

empleados y compañeros de trabajo?, ¿tu familia?, ¿a otras empresas con las que haces negocios?

- ¿Intentaste alguna otra solución para estos problemas antes de venir a nosotros?, ¿cuáles fueron?, ¿funcionaron?, ¿por qué o por qué no?

- ¿Cuándo te enteraste de los beneficios de nuestro programa?

- ¿Cuánto tiempo después de conocernos decidiste contratarnos?

- ¿Experimentaste alguna inquietud o duda antes de comprometerte con nuestro programa?, ¿qué te preocupó o te hizo escéptico?

- ¿Qué te hizo finalmente decidir contratarnos?

- ¿Qué objetivos específicos esperabas alcanzar trabajando con nosotros?

- ¿Cómo supiste cuándo tu empresa había logrado esos objetivos?

La persecución

- ¿Cuáles fueron los pasos más efectivos que te pedimos que tomaras para lograr el objetivo de tu empresa?

- ¿Qué te sorprendió de este proceso?, ¿hay algo

sobre la experiencia del programa diferente a lo que esperabas?

- ¿El cambio que experimentó tu empresa fue gradual o todo se unió rápidamente?

El conflicto

- ¿Cuáles fueron las cosas más difíciles al comenzar y seguir los pasos que recomendamos?

- ¿Qué desafíos personales surgieron para ti, tus compañeros de trabajo o tu familia cuando tu empresa siguió nuestras recomendaciones?

- ¿Cómo pudiste superar estos obstáculos?

El clímax

- ¿Cuándo alcanzó finalmente tu empresa sus objetivos originales?

- ¿Cómo fue ese momento?

Las secuelas

- ¿Cómo es tu organización ahora en comparación con lo que era antes de comenzar nuestro programa?

- ¿Cómo ha afectado el éxito de la compañía a tus empleados?

- ¿Cómo ha cambiado tu propia vida?

- ¿Qué le sugerirías a alguien cuya organización persigue objetivos similares o se enfrenta a situaciones o problemas semejantes a los de tu empresa?

AGRADECIMIENTOS

Para ser sincero, escribir un libro no requiere mucha ayuda. Simplemente siéntate, comienza a escribir y listo.

Sin embargo terminar un libro, mantenerse inspirado y comprometido, adquirir el conocimiento que le dará valor, elegir palabras que sean envolventes, entretenidas, útiles e inspiradoras (y gramaticalmente correctas), hacer que el diseño sea llamativo y la portada atractiva, y los testimonios convincentes y luego llevarlo al mundo con suficiente poder y promoción para llegar a todas las personas que espera guiar y transformar con su mensaje, esto es lo que exige una gran cantidad de ayuda y apoyo. Quienes me brindaron ese apoyo merecen más gratitud de la que puedo expresar adecuadamente. Pero lo intentaré…

Permítanme comenzar agradeciendo a Patricia Fripp, una oradora y entrenadora extraordinaria que ha sido maestra, mentora, campeona y sobre todo, una amiga increíblemente generosa desde que di mis primeros pasos fuera de Hollywood y en el mundo de hablar en público y negocios. Ella me presentó a innumerables personas brillantes y exitosas que sabía que me ayudarían, incluida la mitad de las personas mencionadas a continuación.

Entre ellos están oradores campeones mundiales

como Darren LaCroix, Craig Valentine, Ed Tate y Mark Brown. Compartir el escenario con ellos es un honor y una emoción, y ver su habilidad para contar historias de manera tan magistral y poderosa ha sido tanto humillante como esclarecedor.

Gracias a Matt Bacak, Daegan Smith y Russell Brunson por traerme al mundo del marketing en Internet y darme la oportunidad de trabajar con ellos y difundir el evangelio de la narración incluso cuando estaba desconcertado con los conceptos de embudos de tráfico y pruebas divididas.

Y a André Chaperon, un maestro de la narración de historias en el campo del marketing en Internet, por su orientación constante y su disposición a aceptar cuando dije: «Deberíamos hacer algo juntos». Además gracias a André y a su esposa Anita nació la base de este libro.

En cuanto al libro en sí, realmente no existiría si no hubiera sido por Henry DeVries, quien ha desempeñado tantas funciones en su desarrollo que realmente debería mencionarlo en cuatro párrafos diferentes. Ha sido un seguidor y mentor desde que nos conocimos.

Él me entrenó en el proceso de convertir lo que había sido una serie de blogs en un libro. Y como CEO de Indie Books International, él y su equipo continúan guiándome a través del viaje de publicación y promoción que comienza una vez que se completa un libro. Así que gracias, Henry por tu sabiduría, tu humor, tu amor por las películas y especialmente por tu amistad.

Incluido en el equipo de Indie Books International, un agradecimiento especial a Vikki DeVries por su meticulosa edición (y por evitar que use guiones y puntos suspensivos en cada párrafo), a Joni McPherson por su arte y su paciencia conmigo para proponer la portada y el diseño del libro, a Devin DeVries por administrar todo el proyecto, y al presidente de la compañía (y al compañero de Henry) Mark LeBlanc por su ayuda, generosidad y amistad, y por enseñarme por qué un libro debería costar veinte dólares.

Un profundo agradecimiento también a Stephen Woessner, cuyo sabio consejo es invaluable, quien gentilmente me ha abierto tantas puertas a través de su podcast Onward Nation (Nación Adelante) y su entrenamiento, y con quien es simplemente un placer hablar y trabajar.

Agradecimientos especiales al equipo de Leap Publishing por la realización de esta obra en alemán y español y por la maravillosa colaboración con Gisbert Reuter, propietario de Leap Publishing.

Finalmente, un reconocimiento enorme y a la vez insuficiente a mis dos mayores partidarias…

Gracias a mi asistente Nevada Gray, sin cuya ayuda incansable, devota e inigualable orientación mi negocio se detendría, y sin cuya amistad mi vida sería mucho menos divertida y satisfactoria.

Y a mi esposa Vicki por ser mi mayor admiradora, mi promotora más fiel y siempre mi público más agradecido, gracias por toda una vida de amor, apoyo… y grandes historias.

SOBRE EL AUTOR

Michael Hauge ayuda a las personas que desean ganar más dinero y cambiar más vidas, creando historias emocionalmente poderosas.

Ha sido uno de los principales consultores de guiones, expertos en historias y oradores de Hollywood desde 1983, ha trabajado con guionistas, cineastas, estudios y escritores de ficción en sus guiones y novelas. Hoy Michael entrena a oradores profesionales, líderes empresariales, especialistas en marketing, consultores y abogados, ayudando a transformar sus historias, audiencias y ganancias utilizando los principios y métodos de las películas más exitosas de Hollywood.

Michael ha asesorado a todos los principales estudios de Hollywood, y ha trabajado en proyectos protagonizados por Will Smith, Julia Roberts, Tom Cruise, Reese Witherspoon y Morgan Freeman. Overbrook Entertainment lo visita regularmente, donde ha asesorado sobre los guiones de Soy leyenda (I Am Legend), Hancock, The Karate Kid, La verdad oculta/La verdad duele (Concussion), Escuadrón suicida (Suicide Squad), y Brillante (Bright), entre muchos otros.

Fue el autor más vendido con su libro Vende tu historia en 60 segundos (Selling Your Story in 60 Seconds) y la edición del vigésimo aniversario de su libro clásico Escribir guiones que vendan (Writing Screenplays That Sell). Michael ha deleitado e inspirado a más de 80.000 participantes en todo el mundo a través de sus conferencias y talleres sobre el arte, el oficio y el negocio del Storytelling (Narrativa).

Para obtener información sobre sus servicios de coaching, charlas, productos y para una gran cantidad de información sobre todos los aspectos de la narración, visita su sitio web en: www.TopStorytelling.com.

Made in the USA
Monee, IL
20 February 2021

60983208R10094